Esther Brito Moreira de Azevedo
Luiz Marcello Moreira de Azevedo

A espiritualidade conjugal: em que consiste?

EDITORA
SANTUÁRIO

Copyright © 2018 by
Esther Brito Moreira de Azevedo e
Luiz Marcello Moreira de Azevedo

CAPA E DESENHO GRÁFICO
Fernando Moser

REVISÃO DE TEXTO
Adriana Amback

ISBN 978-85-369-0545-7

1ª impressão

Todos os direitos reservados à **EDITORA SANTUÁRIO** – 2018

Rua Pe. Claro Monteiro, 342 – 12570-000 – Aparecida-SP
Tel.: 12 3104-2000 – Televendas: 0800 - 16 00 04
www.editorasantuario.com.br
vendas@editorasantuario.com.br

A espiritualidade conjugal: em que consiste?

Esther Brito Moreira de Azevedo
Luiz Marcello Moreira de Azevedo
MEMBROS DO PONTIFÍCIO CONSELHO PARA A FAMÍLIA DE 1983 A 1988

Queremos dedicar este livro ao saudoso amigo padre Raul Laranjeira de Mendonça, SJ, nosso colega desde o curso primário e que, como conselheiro das Equipes de Nossa Senhora no Sul de Minas Gerais, convidou-nos para orientar quatro retiros para os casais daquela região.

Sumário

Estado da questão 9
Uma descoberta vivencial 19
Um sacramento pouco conhecido 23
Sacramento do amor 29
O sinal sacramental 35
A eficácia sacramental 39
O casal, um novo ser na igreja 43
    Apuros da novidade 44
    O dilema da espiritualidade 46
Espiritualidade: o que é? 51
    Uma procura fundamental 53
A espiritualidade conjugal: o que não é 55
    Nada de plágio 56
    Nada de evasão da realidade 57
    Nada de individualismo 57
    Nada de comunitarismo 59
    Uma união piedosa? 60
    Profano x sagrado 64
    "Dias nefastos" e "dias fastos" 70
Matrimônio e espiritualidade 75
Uma nova espiritualidade? 83
    Antes do Vaticano II 93
    E na América Latina? 94
    E Aparecida? 95
    Uma estatística inquietante! 96
    Uma ilação 97
E Trento? 99
    A raiz do ensino de Trento 100
Por que ignoraram? 103
O sentido profundo do sacramento 107
O amor natural e o Criador 109
Uma revelação 115
Qual o sinal sacramental? 119
    Sugestões 121
Novidade tridentina? 125

Estado da questão

inda lembro com emoção, apesar de várias décadas haverem se passado, de uma aula no curso de liturgia que se realizava na Congregação Mariana do Colégio São Luís. O notável diretor da congregação, o padre Walter Mariaux, para aprofundar o que vínhamos aprendendo, nos fez participar de uma Santa Missa completamente diferente da que estávamos acostumados a assistir. Para tanto, convidou padre Bourjois, superior da casa dos jesuítas destinada a atender os católicos russos, para rezar a nossa missa dominical. Não sei se a tal casa ainda existe. O fato é que eles não seguiam a liturgia latina, mas sim a bizantina (se não me falha a memória), que é a adotada pela Igreja Católica Russa.

Aliás, é interessante saber que em 1773, quando o papa Clemente XVI suprimiu a Companhia de Jesus, o único país do mundo onde o decreto papal não foi acatado foi na Rússia porque o czar, reconhecendo os valiosos serviços prestados pelos jesuítas, negou-se a dar autorização para que o decreto fosse publicado e, assim, obedecido. Por tal fato, os jesuítas continuaram a existir no território russo. A missão russa aqui no Brasil, particularmente a casa de São Paulo, acho eu, devia ter alguma ligação com a Companhia de Jesus da Rússia czarista.

O fato é que em nosso curso de liturgia, cerca de 70 anos atrás, participamos, em pleno domingo, de uma Santa Missa rezada em russo. O que nos chamou a atenção – e nunca esqueci o fato – é que o celebrante, na hora do ofertório, apresentou aos fiéis um pão de trigo redondo, tipo italiano, igualzinho ao que se compra em uma padaria. Na consagração, ele tornou-se o corpo de Cristo e uma côdea nos foi oferecida no momento da comunhão dos fiéis.

Ainda que a hóstia consagrada em nossa liturgia romana não tenha aparência de pão, não raro lembro-me da comunhão naquela missa na liturgia russa e, com a visão ditada pela fé, sei, tal como me ficou bem claro aquele dia, que a pequena hóstia é o pão eucarístico, o corpo de Cristo.

O mesmo não ocorre no sacramento do batismo? Não pode existir nada mais comum, natural e vulgar que a água. Entretanto, esta mesma água, tão vulgar e natural, derramada pelo sacerdote na cabeça da criança, ao mesmo tempo em que proclama "eu te batizo", torna-se sacramental, infunde a filiação divina, desde que tão simples e natural acontecimento seja visto com o olhar de fé. O mesmo ocorre com o matrimônio. Não pode existir nada mais corriqueiro, mais humano e natural que o beijo que sela a alegria de marido e mulher ao se encontrarem. Como também não existe nada mais natural, espontâneo e humano que ele e ela se abraçarem ardorosamente no leito conjugal. Para o simples olhar puramente humano, o ato não passa de algo puramente sexual, tal qual o psicólogo enxerga o ato em sua análise científica. Para o cristão, todavia, o abraço ardoroso visto com o olhar da fé é algo que só faz crescer o amor natural que une o casal: é algo sacramental pois o Concílio de Trento, lá no século XVI, já havia ensinado que o sacramento do matrimônio existe "para fazer crescer o *amor natural*" (*amorem naturalem perficere*, no texto conciliar original). E fazer crescer o amor natural para quê? É a indagação que cabe fazer. Os padres conciliares deram a resposta: *coniusgesque santificare*, o que traduzido significa "e assim *santificar os cônjuges*".

Ainda que possa causar estranheza a muito católico piedoso, o concílio não diz que o sacramento existe para tornar os casados mais imbuídos de piedade, mais devotos, mais praticantes de obras pias. Não é isso, entretanto, que Trento deseja aos casais que recebem o sacramento do matrimônio, mas, isso sim, que o amor que um dia surgiu entre eles, como já surgiu entre bilhões de homens e mulheres, cresça sempre mais. Não esquecer que, para tanto, o próprio Deus concede aos dois a sua ajuda, dando-lhes a graça sacramental a fim de que eles, cá na terra, tornem-se imagem viva Dele "que é Amor". É claro que os dois, ao se tornarem imagem viva do Deus que é Amor, vão por isso mesmo viverem mais intensamente não só as práticas religiosas como também estarão vivendo de forma mais efetiva a sua participação na vida da igreja!

Não foi sem razão, pois, que frei Almir Guimarães, OFM (Ordem dos Frades Menores), afirmou: "Talvez não exista nada mais concreto que a espiritualidade conjugal".[1]

É fundamental, portanto, que o casal não esqueça nunca que o sacramento que um dia os dois receberam, destina-se a fazer crescer o amor que fez com que um se apaixonasse pelo outro a ponto de desejarem tornar-se "um só ser".[2] Isso, contudo, não ocorre de uma só vez, nem mesmo no momento da celebração na igreja. É mister, não apenas o desejo, mas o empenho que se traduz na dedicação de um para com outro, no esforço mútuo, na superação das dificuldades, em vencer o egoísmo, em abrir mão das próprias inclinações ou deixar de lado a própria vontade ou o gosto pessoal por mais justo que seja. É claro, entretanto, que tudo isso deve ser feito no clima de fé e não como um mero exercício psicológico.

Por isso, na vida cotidiana, marido e mulher devem pedir sempre ao Senhor, cada um de seu lado, e, melhor ainda juntos, para que o Pai lhes dê o valioso dom gratuito da fé que transforma a vida de cada dia e faz com que todo e qualquer gesto de amor torne-se um ato sacramental.

E, assim, pela força do sacramento do matrimônio, o amor mútuo absolutamente natural faz com que os dois, a cada dia, vivam sempre mais a vida Daquele que é Amor, como ensinou João: "O amor vem de Deus e todo *aquele que ama* nasceu de Deus e conhece Deus, pois Deus é amor".[3]

---

[1] Almir R. Guimarães, *Na força do amor*, Vozes (Petrópolis), 1987, p. 56.
[2] Gênesis 2:24.
[3] João 4:7-8.

Não se pode, contudo, deixar de apontar que durante séculos, tal visão do sacramento, mesmo depois de Trento, não foi pregada e difundida na igreja. Ao revés, doutrinas de fundo platônico com sua aversão ao corpo acabaram prevalecendo no ensino e na pregação até o nosso tempo quando, por exemplo, nos idos de 1930, Pio XI lança a encíclica "Casti Connubii", aprofundando o que Leão XIII ensinara na "Arcanum Divinae Sapientiae", de 10/02/1880, com respeito ao sacramento do matrimônio.

O fato é que, até então, "o casamento não gozou de muita simpatia no ensinamento da Igreja".[4] Por tal motivo, gerações inteiras foram formadas considerando que as práticas religiosas, os atos piedosos e, sobretudo, os sacramentais eram aqueles ligados à igreja ou, no mínimo, relacionados com ela por força da pregação falada ou escrita. Fora dessa atmosfera eclesial, qualquer outra atividade era considerada meramente humana, leiga, por mais meritória que fosse, sem qualquer feição religiosa. Como, então, pretender que o beijo, o abraço, as palavras carinhosas entre os cônjuges fossem sacramentais? Ainda mais que tais palavras ou gestos aparecem no encontro dos adúlteros? Ou até mesmo nas bacanais!

Se tal visão prosperasse, deveríamos dizer também que o uso do vinho é condenável, pois que ele se presta à embriaguez! E o pão à gula! Até mesmo o sorriso, em uma visão desse jaez, deveria ser condenado, pois serve para engabelar, enganar ou atraiçoar alguém.

O fato, contudo, é que muita gente, lamentavelmente, ouviu tanta pregação moral a respeito das relações com o outro sexo, que o beijo, o abraço, o carinho entre um e outro, acabou gerando, pelo menos, um clima de suspeição moral.

Isso, talvez, também tenha gerado certo ar de desconfiança que tornou difícil aceitar que tais gestos pudessem tornar-se sacramentais. Ficou, assim, mais fácil deixar correr a ideia que o sacramento do matrimônio é o ato festivo realizado na igreja. Se fosse assim, Maria e José e todos demais casais que aparecem na Bíblia não se casaram porquanto nem igreja existia naquele tempo...

---

[4] *La Documentation catolique*, Bayard Presse (Paris), edição especial, maio de 1997, p. 9.

E será que, mesmo em nosso tempo, nos cursos de preparação ao matrimônio, fala-se que o beijo e o abraço entre os futuros esposos serão atos sacramentais? E será que os padres que se ocupam com a vida dos casais sabem e pregam a doutrina tridentina?

Sirva de exemplo o nosso próprio caso. Durante os cinco anos do nosso noivado, assistimos palestras e lemos muita coisa a propósito do casamento, nunca, nenhuma vez, ouvimos ou lemos qualquer coisa que falasse na realização do sacramento na vida do dia a dia. Do Concílio de Trento tomamos conhecimento nas aulas do colégio, tão só de seus frutos históricos-políticos. Só quando ouvimos, no Pontifício Conselho para a Família, monsenhor Dionigi Tettamanzi discorrer sobre a teologia do casamento, é que, até com surpresa, ficamos sabendo que o concílio havia ensinado em que consiste o nosso sacramento.

Se o leitor quiser um exemplo assaz expressivo, do total desconhecimento acerca do que Trento ensinou, é só indicar um livro publicado em 1963, na cidade de Quebec, onde se declara: "Se há um ponto que não apresenta nenhuma dúvida na doutrina católica é que a continência definitiva e completa no matrimônio deve ser considerada como o ideal objetivamente mais perfeito para o qual todo pastor de alma deve exortar todos os fiéis...".[5]

Parece assim que não faltou razão àqueles que afirmaram que o casamento não gozou de muita simpatia na doutrina da igreja. Isso seguramente porque, entre outros, Denis Sonnet deixou este alerta: "O sacramento do matrimônio é muito pouco conhecido".[6]

Nesta mesma linha, não se pode furtar ao desejo de lembrar o que Henri Caffarel disse na contribuição que mandou ao concílio: "A reflexão teológica e pastoral sobre o casamento é *decepcionante e ineficaz*". Mesmo porque, alertava ele, "a Igreja não pode pensar em leigos como se fossem *celibatários casados*".[7] Ao fazer tal advertência, ele viria ser respaldado pelo concílio: "A espiritualidade dos leigos de-

---

[5] Apud E. Lopez Azpitarte e outros, *Praxis cristã*, v. 2, Paulinas (São Paulo), 1984, p. 248.
[6] Denis Sonnet, *Le marriage, pourquoi?*, Le Livre Ouvert (Paris), 2001, p. 30.
[7] Henri Caffarel, *A missão do casal cristão*, Loyola (São Paulo), 1990, p. 151.

verá assumir *características próprias* conforme o estado de vida de cada um, matrimonial e familiar".[8]

Não é de se estranhar que o casamento não tenha, durante tanto tempo, gozado de "muita simpatia" por parte de pregadores e escritores. É só não esquecer que o cristianismo se difundiu pelas terras do Império Romano. Ora, é sabido que o platonismo teve uma grande aceitação entre os pensadores romanos. Por outro lado, também é sabido que os costumes da população não eram marcados por um acentuado moralismo. É só lembrar que chegaram a considerar as "bacanais" como um culto ao deus Baco! Pois foi em tal clima moral que os cristãos tiveram que não só conviver como, sobretudo, combater. Ora, a doutrina de Platão tornou-se assim de grande valia para os pensadores cristãos combaterem as imoralidades reinantes no império. Era por demais atraente uma filosofia que considerava a alma como prisioneira do corpo!

Não é surpreendente, pois, que santo Irineu e a maioria dos chamados "padres da igreja" – os teólogos de então – sustentassem que "Platão era um cristão antes de Cristo".[9]

São João Crisóstomo dizia: "Não existe nenhuma cisão chocante entre Platão e Jesus".[10]

É bom recordar que, naqueles tempos, pela influência do filósofo grego, os cristãos eram levados a "acreditar que o ser humano tem duas partes distintas: uma alma imortal e um corpo mortal, sendo a parte mais importante, sem sombra de dúvida, a alma. Na realidade, esta era a única importante – mais ainda, era a parte essencial do ser humano. Em contrapartida, o corpo não era mais que uma carga".[11]

Ora, o célebre filósofo ao exaltar "as características espirituais de ser humano, sobretudo a razão, desprezava tudo o que é material, de modo especial o corpo e a sexualidade".[12] Por isso, os autores cristãos

---

[8] "Apostolicam actuositatem" 4/1346.
[9] Hildo Conte, *A vida do amor: O sentido espiritual do Eros*, Vozes (Petrópolis), 2001, p. 29.
[10] A. Hamman, *Os padres da igreja*, Paulinas (São Paulo), 1977, p. 193.
[11] Cf. Roger Lenaers, *Outro cristianismo é possível*, Paulus (São Paulo), 2017, p. 142.
[12] Ibid., p. 31, nota 10.

"elaboraram uma espiritualidade impregnada do dualismo platônico. E isto foi reforçado pelo pensamento teológico de Santo Agostinho. Foi ele que colocou as bases teológicas para uma espiritualidade desencarnada e avessa ao corpo e à sexualidade".[13]

Ao platonismo juntou-se o maniqueísmo, que "situava a fonte do mal na matéria, no corpo e proclamava a condenação de tudo aquilo que na pessoa é corpóreo, sobretudo através do sexo", o que levava "à condenação da convivência conjugal".[14] Dentro deste panorama, não se pode deixar de citar o que dizia o grande São Tomás de Aquino: "O matrimônio é o último sacramento, pois possui um mínimo de espiritualidade".[15]

A atração, o fascínio por este tipo de amor, pregado por Platão, deixou marcas profundas não apenas no pensamento cristão, mas no próprio pensamento ocidental, herdeiro da cultura greco-romana.

Para dar uma melhor ideia da força desse fascínio, vamos sair um pouco do campo da igreja para enveredar, em uma ligeira digressão, por outro, bem mais acessível para nós leigos: o da literatura.

Quem não se lembra, quando estudou literatura portuguesa, da chamada poesia trovadoresca? Aquela mesma que, trazida da Provença pelos cavaleiros que acompanhavam o conde Afonso Henrique, tornou-se o primeiro grande surto da lírica lusitana. Pois bem, uma das características básicas dessa poesia cantada pelos trovadores era, justamente, celebrar a mulher amada com um tipo de amor absolutamente desinteressado, ideal, platônico. Esta característica, contudo, não vai ficar circunscrita a esta fase medieval da veia lírica do português. Ela chega até o maior de nossos poetas, o grande Luis de Camões.[16]

---

[13] Ibid., p. 32; Santo Agostinho, *Dos bens do matrimônio*, Coleção Patrística, Paulus (São Paulo), 2001, pp. 66-67.

[14] João Paulo II, *Uomo e donna lo creò: Catechesi sull'amore umano*, Libreria Editrice Vaticana/Città Nuova (Roma), 1985, pp. 184-185.

[15] Apud E. Lopez Azpitarte, *Ética da sexualidade e do matrimônio*, Paulus (São Paulo), 1997, p. 28.

[16] Fidelino de Figueiredo, *História literária de Portugal*, Fundo de Cultura (Lisboa), 1974, p. 71; Massaud Moises, *A literatura portuguesa*, Cultrix (São Paulo), 1975, pp. 25 e 70.

Quem, nos dias de hoje, se der ao prazer de reler os assim chamados "sonetos perfeitos" que o famoso vate escreveu – tidos como dos mais belos da língua – poderá constatar, como ressaltou o abalizado Fidelino de Figueiredo, que eles "formam uma verdadeira enciclopédia do amor platônico".[17]

Portanto, não foram só os nossos padres que se deixaram encantar por este frio modelo amoroso que leva a marca de Platão. Não é difícil dar-se conta que o encantamento da teologia Patrística pelo "amor puro", só podia dar como resultado, na mentalidade cristã, um acendrado pendor pelo "angelismo", como se imitar o amor assexuado dos arcanjos e querubins fosse o suprassumo da espiritualidade cristã. Ficava subjacente a tudo isso a ideia – talvez em voga até pouco tempo – que a busca da santidade só podia ser encontrada de preferência nos conventos ou no sacerdócio.

Não foi à toa que um escritor de hoje, como que em um grito de revolta, chegou a dizer que o platonismo "trouxe para dentro da Igreja um verdadeiro 'cavalo de Troia': a concepção dualista e negativista em relação à matéria. O mundo de Platão era religioso, mas excessivamente 'Espiritualista' e inimigo da realidade material. Um mundo exageradamente 'ideal' e distante". E conclui J. Marcos Bach: "Mais do que em outra área qualquer da vida humana, foi no terreno sexual que a concepção platônica fez os maiores estragos".[18]

Talvez esta digressão sobre a literatura portuguesa tenha ficado longa. Mas foi um campo em que os leigos – sobretudo para os que estudaram o quinhentismo literário lusitano – bem aquilataram o elevado grau de influência que as ideias de Platão tiveram, por conseguinte, no pensamento ocidental. Seria difícil, então, esperar que os pensadores cristãos não tivessem sido influenciados pelo platonismo e seu pretenso valor ético assaz elevado.

Diante disso, é mister analisar outros aspectos da questão para chegar ao conhecimento do que a igreja hoje ensina acerca da espiritualidade que anima o cristão casado.

---

[17] Figueiredo, op. cit., p. 156.
[18] J. Marcos Bach, *Evolução do amor conjugal*, Vozes (Petrópolis), 1980, pp. 143-144.

Para o nosso intento, nestas linhas, importa salientar, tal como fizemos com o quinhentismo português, como as ideias de Platão influenciaram o pensamento medieval deixando um vivo sulco em épocas posteriores. Não é de estranhar, pois que não deixasse também de influenciar o pensamento católico, de modo especial no que diz respeito à vida matrimonial.

Uma descoberta vivencial

onfessamos que, mesmo depois de casados, nunca havíamos ouvido falar na existência de uma espiritualidade própria do casal. Cremos mesmo que, ao entrar para as Equipes de Nossa Senhora (ENS), em 1954, não ficamos com uma consciência clara acerca do assunto.

Isso só aconteceu, com uma melhor nitidez, em 1957, quando o padre Henri Caffarel – fundador junto com quatro jovens casais do movimento – veio a São Paulo pela primeira vez. Na ocasião, uma de suas conferências foi, exatamente, para explicar em que consistia uma vida espiritual destinada aos casados.

Para nós, foi uma enorme revelação apesar de, em nossa juventude, termos recebido uma boa formação religiosa. Além de termos estudado em bons colégios católicos, tomamos parte bastante ativa nas congregações marianas. Depois, na universidade, entramos para a Ação Católica, ao tempo bastante viva e dinâmica. Mas de espiritualidade conjugal nunca ouvimos uma só palavra.

Pois foi com viva surpresa que ouvimos falar na existência de uma vida espiritual própria de quem recebe o sacramento matrimonial. A partir daí, passamos, com entusiasmo crescente, a procurar conhecer o que se deve entender por espiritualidade conjugal. É preciso confessar, no entanto, que a tarefa não foi nada fácil. Não apenas pela literatura assaz escassa sobre o assunto, mas, sobretudo, porque foi preciso, dentro de nós mesmos, vencer ideias e concepções assentadas de longa data e sempre repisadas, acerca da vida espiritual.

Dobrar a nossa cabeça para uma visão de espiritualidade distinta da que nos foi ensinada – uma espiritualidade calcada na vida celibatária – exigiu um grande esforço, muita reflexão, estudo e, acima de tudo, oração, individual e conjugal, implorando ao Espírito para iluminar a nossa mente.

Se coube ao padre Caffarel abrir nossos olhos para descobrir a espiritualidade conjugal e permitir conhecê-la melhor através de seus escritos e conferências, foi, contudo, ouvindo e estudando uma conferência de monsenhor Dionigi Tettamanzi – cardeal emérito de Gênova, falecido em 2017 – no Pontifício Conselho para a Família sobre a "Familiaris Consortio", que logramos chegar a uma noção mais completa e vivencial em que deve consistir a vida espiritual do casal cristão. Acima de tudo, ali encontramos um sólido embasamento teológico para o que havíamos aprendido nas equipes.

É indiscutível, porém, que na vida da igreja, Henri Caffarel exerceu um papel pioneiro na elaboração da espiritualidade do cristão casado. Antes mesmo do concílio, como o reconheceu João Paulo II em alocução dirigida aos dirigentes mundiais das Equipes de Nossa Senhora, em 20 de janeiro de 2003.[19]

Como é indubitável que o Espírito suscita sempre um carisma "para responder com solicitude às necessidades dos homens" – "Lumen Gentium" (LG) 46 –, ao padre Caffarel, junto com alguns casais, tocou o papel de servir de instrumento para a difusão do novo carisma. Mas, como ele mesmo afirmou, "no começo não havia nada explicitado nem exprimido, mas tudo já estava em germe".[20]

Pode-se dizer por isso, que o padre Caffarel, nos idos de 1938, reunido com quatro casais, teve a intuição – certamente inspirada – do que é a espiritualidade conjugal.

---

[19] *L'Osservatore Romano*, Vaticano, 21-22 de janeiro de 2003; *La Documentation catholique*, Bayard Presse (Paris), n. 2003, março de 2003, p. 228.
[20] *Lettre des END (Equipes Notre-Dame)*, França, edição especial, abril de 1997, p. 43.

Esta intuição original viria, posteriormente, a ser confirmada de 1962 a 1965 pelo concílio e, mais adiante, pelo Sínodo dos Bispos de 1980, do qual é fruto a exortação apostólica "Familiaris Consortio", de 22 de novembro de 1981. É o que procuraremos mostrar a seguir.

Não nos esqueçamos, antes de mais nada, que a intuição do padre Caffarel começou a ocorrer a partir do momento, no já longínquo ano de 1938, quando uma jovem senhora o procurou para pedir "conselhos espirituais para sua *vida conjugal*".[21]

O episódio mostra que a percepção do assunto surgiu da preocupação com a vida conjugal de alguém que buscava uma melhor vivência espiritual dentro de seu casamento. A preocupação da jovem senhora devia estar ligada, obviamente, ao fato dela estar consciente de que havia recebido um sacramento, o do matrimônio. Mas qual seria o real significado desse sacramento em sua vida de fé? A indagação da moça, feita há mais de 70 anos, será que não vale até os nossos dias?

---

[21] Cf. Jean Allemand, *Henri Caffarel: Um homem arrebatado por Deus*, Equipes de Nossa Senhora (São Paulo), s.d., p. 38; *Carta de los Equipos de Nuestra Señora*, Espanha, n. 126, novembro-dezembro de 1987, p. 14.

Um sacramento pouco conhecido

abe, então, indagar ainda que a pergunta possa parecer despropositada, se, de fato, o casamento é um sacramento bem conhecido. Pelo testemunho do próprio padre Caffarel, a literatura existente sobre o assunto na década de 1930 era bastante escassa. Tirando os livros que tratavam de aspectos morais ou jurídicos do matrimônio, eram pouquíssimos os que procuravam transmitir uma visão positiva do casamento.[22]

O famoso moralista Bernhard Häring, CSSR (Congregação do Santíssimo Redentor), lembra um detalhe que bem esclarece a mentalidade que prevaleceu até o concílio. Recordou que o esquema sobre "matrimônio e castidade", preparado e apresentado pela comissão doutrinal preparatória do concílio, trazia "uma enumeração escrupulosamente completa de todos os pecados que se podiam cometer no casamento".[23] Ocorre que Bernhard Häring tinha carradas de razão para assim proceder porque o fundador de sua congregação, Santo Afonso Maria de Ligório, lá no século XVIII, já declarava "que o ato conjugal é em si bom e honesto como expressão da entrega mútua e de reforço do vínculo indissolúvel". Apesar do santo frisar *et hoc*

---

[22] Henri Caffarel, *O amor e a Graça*, Flamboyant (São Paulo), 1962, p. 54.
[23] Bernhard Häring, *El cristiano y el matrimonio*, Verbo Divino (Navarra), 1970, p. 14.

est de fidei (e isso é artigo de fé), seu ensinamento não foi levado a sério e, ao que nos consta, muito menos pregado e difundido.[24]

Ao que parece, um dos primeiros a apresentar uma visão que fugia do moralismo ou do jurisdicismo foi o teólogo alemão Matthias J. Scheeben, antecedido, segundo estudo de Dionigi Tettamanzi, por Antonio Rosmini em meados do século XIX.[25] Coube, sobretudo, a outro teólogo alemão, leigo e casado, Dietrich von Hildebrand, em 1925, a primazia de apresentar, de uma forma racional e consistente, uma visão inovadora do casamento, mostrando que o amor entre um homem e uma mulher longe de ser um obstáculo para se chegar ao amor de Deus, era um caminho que levava até Ele.

Pouco depois, um outro alemão, padre e biólogo, escreveu um livro com um título bem sugestivo *Sobre o sentido e o fim do casamento*. Mas o seu autor, Herbert Dons, acabou indo parar no Santo Ofício. Foi obrigado a retirar seu livro de circulação. O Vaticano II, contudo, reabilitou as suas teses.[26]

Ao que parece, foi o teólogo alemão Matthias J. Scheeben que influenciou aqueles escritores ao tratar "o mistério do casamento cristão no âmago do mistério de Cristo".[27]

Não obstante, toda esta visão inovadora acabou tendo pouca repercussão. Ao menos no sentido que a maioria esmagadora da literatura sobre o matrimônio prosseguiu estampando a doutrina conhecida de maneira convencional, com prevalência dos valores jurídicos e morais.

Não é fora de propósito indagar se, em nossos dias, a literatura trata o tema de uma forma mais aprofundada e inovadora, fugindo,

---

[24] Ver o magnífico artigo do padre Häring na Internet: htpp//www.redemptor.com.br/logus/report/afonso 1.htm.

[25] Dionigi Tettamanzi, *I due saranno una carne sola: Saggi teologici su matromonio e famiglia*, Elledici (Turim), 1986, p. 71. Para um apanhado histórico da doutrina, ver Emilio Aliaga Girbés, *Compendio de teología del matrimonio*, Edicep (Valencia), 1991, p. 90 e ss.

[26] Cf. Herbert Dons, *Sobre o sentido e o fim do casamento*, p. 37.

[27] Cf. Jean Allemand, *Henri Caffarel: Um homem arrebatado por Deus*, Equipes de Nossa Senhora (São Paulo), s.d., p. 34, onde aparece o nome de outros precursores.

assim, das ideias e noções convencionais, sempre repetidas. Importante, isso sim, indagar se o assunto na literatura recente é focalizado debaixo das luzes trazidas pelo Vaticano II. E, sobretudo, por aquelas, ainda mais esclarecedoras, disseminadas pelo Sínodo sobre a Família, realizado em 1980, e que deu origem à exortação apostólica "Familiaris Consortio" chamada, por muitos, de "Carta Magna da Família".

Isso para não falar da profícua e profunda *Catechesi sull'amore umano* que foi objeto, durante os primeiros dezoito meses de pontificado, das alocuções de João Paulo II nas audiências gerais das quartas-feiras.

Infelizmente, a resposta a tal indagação acima formulada vai pela negativa. Nem é necessária uma larga pesquisa para chegar-se a esta conclusão.

Já nos fins da década de 1940, em livro célebre, Jacques Leclercq dizia: "Desgraçadamente até o presente século, a literatura religiosa sobre o matrimônio é meramente ocasional".[28]

Já antes do concílio, no "memento" que preparou para seu uso pessoal e que depois, à instância de muitos, acabou publicando, o que padre Caffarel afirmava, em uma síntese quase telegráfica: "A reflexão teológica e pastoral sobre o casamento é quase sempre decepcionante e ineficaz". Isso dizia o fundador das Equipes de Nossa Senhora depois de ter feito uma advertência, assaz realista, embasada em lúcida observação e que os documentos, mesmo oficiais, não levam em conta: "A Igreja não pode se contentar, quando fala em 'leigos', como se todos eles fossem celibatários que vivem isoladamente". Concluía de forma taxativa: "A teologia do matrimônio é insuficiente". E acrescentava, com certa dose de decepção: "Fica-se tristemente impressionado ao constatar que, da doutrina sobre o casamento, o mundo moderno não conhece senão o que é proibido e nem chega a suspeitar que Cristo veio salvar o amor humano, oferecer-lhe esta admirável promoção que é o sacramento do matrimônio".[29]

---

[28] Jacques Leclercq, *El matrimonio cristiano,* Rialp (Madri), 1965, p. 139.
[29] Henri Caffarel, "Pour un renouveau du mariage pour un renouveau de l'Eglise", in *L'Anneau d'Or*, Édition du Feu Nouveau (Troussures), edição especial, p. 10.

Não deixemos de notar que tais afirmações foram feitas antes do concílio. Observação semelhante e mais detalhada é feita, bastante tempo depois, por Pino Scabini, professor da Pontifícia Universidade Lateranense, em conferência apresentada no congresso de *aggiornamento* realizado em Roma na Faculdade de Teologia Salesiana.[30]

O falecido arcebispo emérito de Milão, o cardeal Dionigi Tettamanzi, fez uma afirmação ainda mais categórica: "No âmbito da teologia (...) a situação em que se encontra a maneira de tratar o sacramento do matrimônio é a mais desvantajosa (*piu scomodi*) até mesmo no contexto da renovação trazida e estimulada pelo Concílio Vaticano II".[31] Note-se que a afirmação do ilustre cardeal é feita quase 30 anos depois do concílio, o que mostra o grau de desconhecimento que ainda padece o sacramento que une, uniu ou pretende unir mais de 90% dos adultos que formam o povo de Deus!

Na excelente exposição que fez à Conferência Episcopal de França, em 15 de outubro de 1993, monsenhor Jacques Jullien teve a oportunidade de dizer: "A teologia do matrimônio e da família está ainda em fase inicial. Sem dúvida porque durante muito tempo a teologia tem sido uma especialidade exclusiva dos clérigos".[32]

Não é, entretanto, necessário ir tão longe, atravessando o Atlântico, a nossa própria CNBB (Conferência Nacional dos Bispos do Brasil), nos idos de 1980, já dizia: "Há um desconhecimento generalizado entre os cristãos da doutrina da fé sobre o matrimônio como sacramento".[33]

Não foi sem razão, por conseguinte, que a Congregação para a Educação Católica ao lançar suas diretrizes para formação dos seminaristas declarou: "É de se sublinhar a negligência com que, muito frequentemente, são tratadas tarefas importantes propostas pelo Con-

---

[30] Cf. Achille M. Triacca e Giovanni Pianazzi, *Realtà e valori del sacramento del matrimonio*, Libreria Ateneo Salesiano (Roma), 1975, p. 334.

[31] Dionigi Tettamanzi, *La famiglia via della chiesa*, Massimo (Milão), 1992, p. 52.

[32] *Sedoc – Serviço de Documentação*, Instituto Teológico Franciscano (Petrópolis), v. 25, n. 238, 1993, p. 675; *La Documentation catholique*, Bayard Presse (Paris), n. 2064, 17 de janeiro de 1993.

[33] Documento 18 da CNBB, Paulus (São Paulo), 1980, p. 217.

cílio Vaticano II e por sucessivos documentos oficiais da Igreja como, por exemplo, um fundamento filosófico e bíblico mais bem cuidado a propósito da antropologia (...) bem como uma *exposição teológica mais completa e mais profunda acerca da verdade sobre a família e sobre a espiritualidade do matrimônio*".[34]

Parece assim, diante de tão renomadas opiniões, que não é exagero de nossa parte dizer que o matrimônio, ainda hoje, é um sacramento bem pouco conhecido.

Aliás, não é preciso ir muito longe: é só escutar a maioria dos sermões feitos nas cerimônias de casamento. Para não dizer que são quase sempre decepcionantes, sem dúvida, tais sermões dão inteira razão à Congregação para a Educação Católica na advertência que fez a propósito da formação dos seminaristas, acima citada.

Bem como não foi sem razão e com plena atualidade que Jean Perroquin, na edição de outubro de 1999 da revista *Alliance*, fez, no mesmo diapasão, algumas oportunas reflexões em artigo que traz um sugestivo título: "A propos des sermons de mariage".[35]

Por tal razão, seja-nos permitido, a título de modesta colaboração, expor de forma sintética o que nos parece ser uma doutrina mais atualizada sobre a união sacramental dos casados, resumindo o que publicamos no livro que escrevemos sobre o matrimônio.[36]

---

[34] *La Documentation catholique*, Bayard Presse (Paris), n. 2120, julho de 1995, p. 679.
[35] Jean Perroquin, "A propos des sermons de mariage", in *Alliance*, n. 124-125, p. 23.
[36] Esther Brito Moreira de Azevedo e Luiz Marcello M. de Azevedo, *O matrimônio: Para que serve este sacramento?*, Vozes (Petrópolis), 1997.

Sacramento do amor

omecemos por lembrar que a "Lumen Gentium", em seu capítulo v, logo em seu primeiro parágrafo, declara que "todos, quer pertençam à hierarquia, quer sejam por ela apascentados, são chamados à santidade segundo as palavras do apóstolo: pois esta é a vontade de Deus, a vossa santificação".[37] Não bastasse isso, logo adiante vai reiterar: "O Senhor Jesus a todos e a cada um dos discípulos, de qualquer condição, pregou a santidade de vida (...) dizendo 'sede Santos como o vosso Pai celeste é Santo'".[38]

Com isso, o concílio ensinou e deixou bem claro que a busca de uma vida santa não é apanágio dos religiosos pois *na Igreja nem todos seguem o mesmo caminho, ainda que todos sejam chamados à santidade.*[39]

No que toca, entretanto, à gente casada, os padres conciliares fizeram questão de enfatizar:

**Os esposos e pais cristãos devem seguir
o *próprio caminho* em amor fiel. (LG 41)**

Ora, ao referir-se a um "caminho próprio", o Vaticano II deixou igualmente claro que os homens e mulheres casados não só não foram

---

[37] 1 Tessalonicenses 4:3; cf. Efésios 1:4; "Lumen Gentium" 39.
[38] Matheus 5:48; "Lumen Gentium" 40.
[39] "Lumen Gentium" 32.

chamados, *como não podem* copiar, imitar ou colar em suas vidas o estilo de vida que é peculiar aos religiosos ou celibatários.

Foi precisamente isso que as equipes descobriram, lá em seus começos, como esclareceu o padre Caffarel: "Oração, caridade, abnegação, pobreza, castidade, apostolado são coisas que se impõem a todos os cristãos, sejam casados ou não. Em nossas (primeiras) reuniões de trabalho, nos demos conta que estas virtudes não devem ser vividas pelos cristãos casados da *mesma maneira que pelos monges*".[40]

Tanto isso é verdade que o concílio, coerente com ideia que a santificação dos casados faz-se através do "próprio caminho", veio deixar bem claro que os cônjuges são como que CONSAGRADOS com um *sacramento especial*[41] destinado a "aperfeiçoar o *amor* que os une".[42]

Nesse passo, não se pode deixar de lembrar que, bem antes do concílio, o nosso padre Caffarel já anunciava: "Pelo sacramento o casamento não é apenas santificado, mas sim consagrado, quer dizer, torna-se apto para o culto divino, tal como um vaso 'consagrado' é aquele que está apto a tomar parte em um ofício litúrgico".[43]

Importante, todavia, é salientar que o matrimônio é, ademais, um "sacramento especial porque 'permanece com eles daí por diante' de forma que o 'amor conjugal é assumido pelo amor divino'".[44]

É o que bem explica a Conferência Episcopal Portuguesa em sua instrução pastoral para o acompanhamento dos recém-casados: *A graça do matrimônio não se esgota no momento da celebração, mas*

---

[40] Henri Caffarel, "Vocations et itinéraire des END" in *L'Anneau d'Or*, Édition du Feu Nouveau (Troussures), n. 87-88, maio-outubro de 1959, p. 244; Henri Caffarel, *O amor e a Graça*, Flamboyant (São Paulo), 1962, p. 63.

[41] "Gaudium et Spes" 48; Código de Direito Canônico 1134; Catecismo 1638.

[42] Catecismo 1641.

[43] Henri Caffarel, "L'amour et la Grace" in *L'Anneau d'Or*, Édition du Feu Nouveau (Troussures), n. 69-70, p. 236; Caffarel, *O amor e a Graça*, p. 63.

[44] "Gaudium et Spes" 48.

acompanha os esposos ao longo de suas vidas, para que deem testemunho de fidelidade à sua vocação e missão.[45]

Tal característica já havia sido ressaltada por Pio XI na encíclica "Casti Connubii": "Lembrem-se os casados que foram santificados por um *sacramento especial* cuja virtude, embora não imprima caráter, é, no entanto, *permanente*".[46]

Este aspecto do matrimônio, como sacramento permanente é, com toda a evidência, de uma repercussão vivencial enorme, tornando sacramental *o dia a dia* dos cônjuges. Lamentavelmente, todavia, este aspecto não tem sido propagado e pregado, ainda que aponte e leve à vivência do *caminho próprio* dos casados, preconizado pelo concílio.

Convém não esquecer, contudo, que "o amor conjugal sacramental reveste-se das *características normais* do amor conjugal *natural*, mas com um significado novo a ponto de as tornar a expressão dos valores propriamente cristãos".[47]

Bem explica monsenhor Jullien: "Não existe, de um lado, a *humanidade profana* da união matrimonial e, de outro, o *caráter sagrado* do matrimônio, que daí em diante é vivida 'no Senhor'".[48] Com o batismo celebra-se um outro nascimento; com a eucaristia, um outro alimento. Mas o sacramento do matrimônio não celebra outro amor senão aquele que sentem um pelo outro, este homem e esta mulher.

Foi o que levou Leão XIII a uma declaração que, para muita gente, pode parecer surpreendente ou até mesmo chocante: "No casamento há algo de sagrado e religioso, não sobreposto mas inato, que não vem da decisão dos homens, mas da própria natureza. É por isso que Inocêncio III e Honório III, nossos predecessores, puderam afirmar sem temeridade e com razão que o sacramento

---

[45] *Sedoc – Serviço de Documentação*, Instituto Teológico Franciscano (Petrópolis), v. 26, n. 239, 1993, p. 22.
[46] "Casti Connubii" 116.
[47] "Familiaris Consortio" 13 in fine.
[48] 1 Coríntios 7:39; ver também 1 Pedro 4:11; "Christifideles Laici" 17; decreto conciliar "Apostolicam Actuositatem" 4/1340.

do matrimônio existe tanto no meio dos fiéis *como também entre os infiéis*".[49]

Ou como ensina João Paulo II em sua profunda e elucidativa catequese sobre a "teologia do corpo" ao aludir à união conjugal: "Em seu corpo de homem e de mulher, o ser humano se sente sujeito de santidade".[50]

Para poder elevar o "velho amor humano" ao plano da santificação, é que os casados recebem "um *dom especial*, pela virtude do sacramento" (LG 11), "destinado a aperfeiçoar o seu amor, a fortificar a sua unidade indissolúvel e, por esta *graça*, ajudar-se mutuamente a *santificar--se* na vida conjugal". Esta, por sua vez – é bom sublinhar – por conter características absolutamente naturais "comporta uma totalidade na qual entram todos os componentes da pessoa", quer do corpo quer do instinto, quer do sentimento quer da afetividade, do espírito e da vontade.[51]

Não se pense, no entanto, que tal doutrina é nova. O Concílio de Trento, lá nos longínquos anos de 1545-1563, já ensinava que o sacramento tinha por finalidade *amorem naturalem perficere, coniusgesque santificare* (fazer crescer o amor natural e assim santificar os cônjuges).[52] É lamentável que este ensino nestes séculos todos tenha caído no olvido...

Não passou despercebido, entretanto, ao Episcopado Latino--americano reunido em Santo Domingo, em 1992: "O homem e a mulher são chamados ao amor na totalidade de seu corpo e espírito" pois "o matrimônio cristão é um sacramento em que o *amor humano* é santificado e comunica a vida por obra de cristo".[53]

---

[49] Encíclica "Arcanum" 164; também citada por monsenhor Jullien.

[50] Ver, sobretudo, as tocantes alocuções de João Paulo II sobre *il linguaggio del corpo*, de modo particular nos belíssimos comentários ao "Cântico dos Cânticos" in *Uomo e donna lo creò: Catechesi sull'amore umano*, Libreria Editrice Vaticana/Città Nuova (Roma), 1987.

[51] Catecismo 1641/1643.

[52] Heinrich Denzinger, *Enchiridion symbolorum (Denzinger)*, EDB (Bolonha), 2012, 969.

[53] "Nova evangelização, promoção humana e cultura cristã", IV Conferência do Episcopado Latino-americano, São Domingos, 212/213.

Em suma: o sacramento do matrimônio, nos desígnios de Deus e da igreja, existe para levar à perfeição o amor humano dos esposos, pois é o sinal vivo da união de Cristo com a igreja (Catecismo 1661). Ou no dizer de Caffarel: "O amor humano é a referência que nos ajuda a compreender o amor de Deus".[54]

Não foi sem razão que São João Crisóstomo, lá no século IV, chamou o matrimônio de *sacramento do amor*.[55]

---

[54] Henri Caffarel, *O amor e a Graça*, Flamboyant (São Paulo), 1962, p. 43.

[55] Patrologia Grega 51, 230, apud Paul Evdokimov, *Sacramento del amor: El misterio conyugal a la luz de la tradición ortodoxa*, Libros del Nopal (Barcelona), 1966, p. 59.

O sinal sacramental

Todos sabem que os sacramentos são sinais sensíveis que significam e realizam as graças próprias de cada um deles.[56] O do matrimônio baseia-se na *vontade de doar-se* mutuamente e definitivamente para viver uma aliança de amor fiel e fecundo.[57]

Ora, o consentimento expressa-se através de mais de uma maneira, pois o matrimônio realiza-se em duas fases ou etapas. Como *sacramentum in fieri* (a realizar-se), o matrimônio efetiva-se mediante a solene promessa recíproca de um entregar-se ao outro. Promessa essa que é feita, não apenas perante à assembleia reunida, mas também, normalmente, diante de uma testemunha qualificada pela igreja salvo as exceções previstas pelo Catecismo da Igreja Católica, (CIC) 1108. Note-se, porém, que a formulação da promessa não exige nenhuma palavra específica ou sacramental (como no batismo, por exemplo), tanto que pode variar segundo o rito adotado. Já no casamento *in facto esse* (de fato realizado), o que realmente vale é a efetiva demonstração de amor entre marido e mulher pela mútua entrega de seus corpos no ato sexual. A prova disso encontra-se na doutrina jurídico-canônica do *matrimonium ratum sed non consumatum* que leva a igreja considerar como *inexistente* o casamento não consumado.[58]

---

[56] Catecismo 1131.
[57] Ibid. 1661; Catecismo da Igreja Católica 1057#1.
[58] Catecismo da Igreja Católica 1061.

Como na renovação conciliar o casamento perdeu o sentido contratualista que infestava sua noção, para apresentar-se como uma "aliança" à imagem da de Javé com o povo escolhido. Assim, o formalismo jurídico que se emprestava anteriormente ao consentimento, perdeu a sua força. É o que se colhe das palavras de João Paulo II: "As palavras pronunciadas *não se constituem de per si o sinal sacramental*". E, mais adiante, pondera que "a estrutura do sinal sacramental é determinada, em certo sentido, pela linguagem do corpo", na medida em que o homem e a mulher devem se tornar uma só carne".[59]

Pode-se, assim dizer, para não alongar, que há uma diferença importante entre o matrimônio e os demais sacramentos. Os demais são momentos breves: o tempo de uma liturgia. São contidos dentro do prazo de uma celebração. Pelo contrário, o que faz o sacramento do casamento não é de modo algum a cerimônia. *A cerimônia é acidental* e pode até ser dispensada: durante séculos não foi obrigatória, pois era realizada "como a dos pagãos", dizia a carta enviada, no século IV, a um certo Diogneto. O que faz o sacramento atuar é a própria vida conjugal, porquanto "o amor é a realidade humana que mais se aproxima da eternidade e melhor supera os limites do tempo e o fluxo da história".[60]

Nem podia deixar de ser assim porquanto – é fundamental não olvidar isso – "não é no coração do homem que está a fonte do amor: ela está em Deus", pondera o padre Caffarel. E, mais adiante, explica: "Deus é a origem do amor, mas também o seu termo. O amor vem de Deus e vai para Ele: pois Deus é o alfa e o ômega do Amor".[61]

Em resumo, como diz o casal Barbara e Lorenz Wachinger, atualizando a doutrina do casamento: "Se outrora a troca de consentimento era considerada como o sinal sacramental, *hoje* considera-se sinal sacramental o próprio casamento vivido em todas as suas di-

---

[59] João Paulo II, *Uomo e donna lo creò: Catechesi sull'amore umano*, Libreria Editrice Vaticana/Città Nuova (Roma), 1985, 398; ver também Tomás de Aquino, *Suma teológica*, Loyola (São Paulo), 1998, v. 3, q. XLV, art. 1.
[60] José Comblin, *O espírito no mundo*, Paulus (São Paulo), 2014, p. 214.
[61] Henri Caffarel, *O amor e a Graça*, Flamboyant (São Paulo), 1962, pp. 32 e 36.

mensões, à medida *que é visto à luz da fé*. Ver o casamento a partir da fé vivida em vez de vê-lo juridicamente a partir do contrato, acarreta compreensão dinâmica do casamento: o sacramento não é dado pura e simplesmente com a realização da cerimônia, mas deve ser realizado somente na prática da fé, esperança e caridade".[62]

É lícito, dessa maneira, concluir que o caminho próprio dos casados, preconizado pelo concílio, realiza-se através do *amor conjugal*, mais precisamente mediante todos os atos, gestos e palavras pelos quais os esposos demonstram e tornam efetivo o amor que os une.

É precisamente o que dizia o fundador das Equipes de Nossa Senhora, bem antes do concílio, na peregrinação das ENS a Roma, em 1956: *A santidade do amor é o amor mesmo*".[63] Ora, como a teologia ensina, com base no Concílio de Trento, que "colocado o sinal exterior a graça atua", segue-se que, cada vez que se olha com uma visão de fé, os atos, gestos e palavras pelos quais os esposos se amam, recebem a graça sacramental, *realiza-se o sacramento.*[64]

Tanto que o Vaticano II não teve dúvida em afirmar que isso ocorre "de maneira singular pelo *ato próprio do matrimônio"* – "Gaudium et Spes" (GS) 49 – o que levou Paulo VI, no discurso às Equipes de Nossa Senhora, dizer: "Não há amor conjugal que não seja, no *momento de sua exultação*, um impulso para o infinito e que não deseje, nesse arrebatamento, ser total, fiel, exclusivo e fecundo" ("Humanae Vitae" 9).

Retenha-se, por derradeiro, em consonância com tais ensinamentos, que "*o ato conjugal* é o momento de *máxima densidade sacramental*", como assevera documento publicado pelo Celam (Conselho Episcopal Latino-americano).[65]

---

[62] Peter Eicher, *Dicionário de conceitos fundamentais da teologia*, Paulus (São Paulo), 1993, verbete casamento/família, p. 68.

[63] Ibid., p. 61.

[64] Denziger 849, apud E. Schillebeeckx, *Cristo, sacramento do encontro com Deus*, Vozes (Petrópolis), 1969, p. 77.

[65] Equipo de Reflexión Teológico-Pastoral del Celam, *La família a la luz de Puebla*, Celam (Bogotá), 1980, documento 40, p. 39.

A eficácia sacramental

esta, ainda, para completar esta breve exposição sobre o nosso sacramento, examinar que efeitos ele produz na gente casada. Aqui, a dificuldade que se vai encontrar, para bem entender o assunto, resulta não apenas do pouco conhecimento da doutrina atual acerca do matrimônio, mas, acima de tudo, das deformações e preconceitos que todos trazemos em decorrência da formação religiosa que nos foi dada.

Sempre nos foi ensinado que a vida religiosa tem por objetivo a *vida sobrenatural*.

Pois o que diz João Paulo II acerca do casamento, para completa estranheza e, talvez, perplexidade de muitos, discrepa do que estamos acostumados a ouvir. Melhor dizendo, João Paulo II não vê, para engano de muitos, que o sacramento seja capaz de produzir, dentro do lar cristão, o que ironicamente o padre Caffarel chama de "odor de santidade".[66]

É o que se depreende do importantíssimo texto da "Familiaris Consortio" que nos dá a chave para entender melhor o sacramento:

> O efeito primeiro e imediato do
> matrimônio (*res et sacramentum*) não é a

---

[66] Henri Caffarel, *O amor e a Graça*, Flamboyant (São Paulo), 1962, p. 235.

39

GRAÇA SOBRENATURAL propriamente,
mas o *vínculo Conjugal*.[67]

Para tomar o ensino ainda mais claro, socorrendo-se da "Humanae Vitae" (HC), João Paulo II vai especificar, com respeito ao vínculo: "Trata-se das *características normais* do amor natural".

Vale dizer, o sacramento atua a cada vez que o seu sinal é colocado mediante uma palavra, gesto ou ato de amor, como vimos. O sacramento vai assim propiciar aos cônjuges a *ajuda divina* para que o *amor* que os une cresça, torne-se mais forte, mais inebriante, mais completo, mais apaixonante, mais sereno, maduro e intenso para que os dois "sejam uma só carne", cada vez mais "um" tal como Cristo é "um" com o Pai e o Espírito Santo.

Ou seja, o fim imediato da graça sacramental não é algo sobrenatural, piedoso, "religioso", "virtuoso", mas, sim, *o aumento do amor conjugal*, daquele mesmo que leva um homem e uma mulher a se amarem terna, afetuosamente, apaixonadamente, não importa a raça, cor ou religião.

Não é mister ressaltar, para não pairar dúvida alguma na cabeça de algum teólogo "espiritualizante", que João Paulo II usa uma expressão técnica, consagrada na teologia escolástica: *res et sacramentum*. Esta procura dizer que o efeito primeiro do sinal exterior, aquele que é *visível*, produz, ao mesmo tempo, uma realidade muito mais profunda, *invisível*, recôndita, consistente na plena participação no mistério de Cristo, isto é, no recebimento da *graça divina*, da Força do Alto. A expressão quer significar, em suma, que estamos diante da realização do sacramento em sua totalidade, em sua plenitude, em toda a sua riqueza.[68]

É claro que João Paulo II, ao falar em "fim primário e imediato", não pretende afirmar que o sacramento não nos leva ao que muita

---

[67] "Familiaris Consortio" 13. Cuidado com a tradução portuguesa que incide num grave erro e em verdadeiro truísmo ao traduzir: "Não é a graça *sacramental* propriamente (...)".
[68] Theodor Schneider, *Signos de la cercanía de Dios*, Sígueme (Salamanca), 1996, p. 57.

gente acha e chama de uma vida piedosa mais intensa. Longe disso. Sua afirmação esclarece que os casados devem *tornar-se santos* mediante o crescimento de seu amor. E, na medida em que o amor crescer, eles serão tomados pela vida divina visto que:

> **Todo amor vem de Deus e quem ama nasceu de Deus e conhece a Deus pois Ele é amor (1 João 4:7).**

Nem significa que o cristão casado, "em seu caminho próprio", deve abandonar todas as outras práticas religiosas para dedicar-se exclusivamente a um "enamorar-se crescente"! Nem poderia ser assim, porquanto a vida espiritual de quem é casado não está, de forma alguma, divorciada dos princípios que animam a espiritualidade da igreja. Nem muito menos anula a vida espiritual pessoal, individual de cada cônjuge da mesma forma que não torna desnecessária a vivência comunitária. É que pelo matrimônio surge uma *realidade nova*, no dizer do padre Caffarel, *o ser conjugal*.[69]

---

[69] Henri Caffarel, *O amor e a Graça*, Flamboyant (São Paulo), 1962, p. 235

O casal, um novo ser na igreja

qui, uma vez mais, Henri Caffarel mostra a sua feição profética ao colocar em relevo uma realidade nova que, até então, nem sequer era mencionada na composição da ontologia eclesial, no elenco daqueles que formam o Corpus Ecclesiae, dos elementos formadores da entidade divino-humana que é a igreja. Sempre se afirmou que ela é constituída pelo papa, pelos bispos, padres, religiosos e os leigos.

Como bem ressaltou Gustavo Leclerc, em admirável e profunda exposição já depois do concílio, que retomou a intuição de Caffarel lá na década de 1950, para, aprofundando-a, ensinar e salientar: "*O casal é um novo modo de ser* dentro da Igreja".[70]

Esta visão do casal é assaz importante e prenhe de consequências. Tanto que o episcopado italiano, em documento oficial, não titubeia em declarar que ele é "colocado, dentro do povo de Deus, em um estado-de-vida particular, todo especial".[71]

O mesmo Bernhard Häring dá um exemplo bem frisante para ilustrar como os casais, apesar de unidos por um sacramento e formar a esmagadora maioria do povo, nunca tiveram, ao correr dos séculos,

---

[70] Henri Caffarel, *O amor e a Graça*, Flamboyant (São Paulo), 1962, pag. 65.
[71] *Evangelizzazione e sacramento del matrimonio*, Conferenza Episcopale Italiana, 1991, 44.

o lugar de destaque preconizado pelos bispos da Itália. Ele, que tomou parte no concílio como perito, lembra que os casados lá estavam representados por um único casal (ao que parece das Equipes de Nossa Senhora).[72] E segundo nos disseram bispos brasileiros, nossos amigos, que lá estiveram, o representante da "classe" nunca foi notado, a não ser na assistência às missas... Ou quando rezavam o terço, cheios de piedade, pelos corredores da Domus Mariae, casa em que, a maioria de nossos bispos, estava hospedada.

Apuros da novidade

Lá pelos idos de 1938, quatro jovens casais junto com o padre Henri Caffarel buscam responder à indagação que os inquietava: "O nosso amor é tão belo que não é possível que Deus não pense algo muito belo a respeito dele".[73]

Iniciavam, assim, os quatro casais parisienses com o sacerdote de 35 anos, que, logo a seguir, na guerra, serviria como segundo sargento em um regimento de Zuavos, a longa caminhada que os levaria a descobrir uma nova espiritualidade, própria para a vida conjugal, distinta daquela que, até então, era a única conhecida e a única de que se falava e sobre a qual os santos e os autores escreviam. Tanta unanimidade não deixava, pois, na cabeça dos fiéis, lugar para nenhuma outra. Acontece, porém, que tal espiritualidade foi concebida por e para monges, freiras e religiosos, todos, evidentemente, celibatários confessos e professos. Esqueciam-se, contudo, os escritores e pregadores de um dado da mais alta relevância: o número de celibatários, dentro do povo de Deus, era e é, até hoje, insignificante. A imensa e esmagadora maioria – acima de 98% – é casada, foi ou pretende casar-se. Um tipo de gente, portanto, que vai levar um modo de vida bem

---

[72] Bernhard Häring, *El cristiano y el matrimonio*, Verbo Divino (Navarra), 1970, p. 13.

[73] Henri Caffarel, "Vocations et itinéraire des END", in *L'Anneau d'Or*, Édition du Feu Nouveau (Troussures), edição especial, n. 87-88, p. 241.

distinto do que é vivido dentro dos mosteiros e conventos, residências episcopais ou paroquiais.

O aparecimento de uma espiritualidade nova, da qual nunca se ouvira falar, iria – como de fato ocorreu – deparar-se com a dificuldade que toda a novidade enfrenta. E isso ocorre porque qualquer inovação, para ser admitida, obriga as pessoas a mudarem o seu modo de pensar, a rever o peso de seus valores, alterar conceitos e concepções sedimentadas. E isso, sem dúvida, tem um preço. Dá trabalho. Exige esforço. Rompe a comodidade de se pensar como sempre se pensou. É como o marinheiro que prefere sempre navegar em mar tranquilo, impelido pela bonança, do que afrontar as mudanças de tempo, maxime em águas desconhecidas. A consequência é a rejeição ou a relutância ou a deturpação das ideias novas.

A história está repleta de exemplos para justificar a tese.

Vejamos alguns. Comecemos por um célebre, o de Galileu Galilei. Desde o tempo dos egípcios prevalecia a teoria elaborada por Ptolomeu segundo a qual a Terra, fixa no espaço, era o centro do universo, de tal sorte que o Sol e as demais estrelas giravam em torno de nosso planeta. Quando Galileu Galilei, em 1632, teve a ousadia de contrariar a ideia assente e corrente, defendendo a teoria do polaco Copérnico, segundo a qual a Terra é que gira em torno do Sol, acabou nas malhas da Santa Inquisição.

Coisa de um século antes, o capitão Iñigo de Loyola também andou às voltas com o clero e o famigerado tribunal da Inquisição porque teve não só o atrevimento de escrever uma novidade em matéria de vida religiosa, os *Ejercicios espirituales*, mas também a ousadia, como simples leigo, de dar retiros espirituais para um bocado de gente que, por sinal, muitos deles acabaram canonizados!

Não vamos recordar apenas tempos longínquos e distantes de nossa terra. Quem não se lembra da célebre Semana de Arte Moderna realizada em 1922 no Teatro Municipal de São Paulo? Tratava-se de uma concepção nova em matéria de arte. Não é que o seus participantes saíram vaiados do teatro? E não foram crucificados e ridicularizados pela imprensa? Apesar disso, *Pauliceia desvairada* de Mário de Andrade tornou-se um marco na literatura brasileira.

Victor Brecheret é admirado, hoje, por todos os que passam pelo Ibirapuera, em São Paulo, ao contemplarem o imponente Monumento às Bandeiras. Candido Portinari e Heitor Villa-Lobos ganharam merecida projeção internacional. No começo, entretanto, custaram, todos eles, a serem assimilados pelo público: suas ideias e concepções não coincidiam com o pensamento corrente e as práticas até então seguidas.

Os exemplos históricos ora aduzidos visam tão só explicar melhor, a partir de fatos bem conhecidos, as dificuldades e os óbices que ideias novas devem vencer para tornarem-se entendidas, aceitas e adotadas.

Os exemplos, todavia, seriam totalmente dispensáveis se, desde o começo, houvéssemos invocado o mais significativo de todos, o advento do cristianismo. É só ter presente que Jesus Cristo "não veio abolir nem a Lei e nem os Profetas" (Mateus 5:17), mas apresentou, isso sim, uma grande novidade, uma nova maneira de viver a religião. Como contrariava a maneira corrente de pensar, foi rejeitado pelos doutores, fariseus e sacerdotes. A novidade implicava em mudar a maneira de pensar, em alterar o modo de agir, em introduzir práticas novas, em derrubar uma visão cristalizada e exclusivista, infensa ao frescor e ao viço de ideias novas e inovadoras.

A busca iniciada em 1938 pelos quatro jovens casais unidos ao padre Caffarel, tinha por alvo chegar ao conhecimento do pensamento de Deus sobre o amor humano. Acabaria com o correr do tempo e o concurso de muitos outros casais, chegando à intuição inspirada de uma grande novidade, a *espiritualidade conjugal*.

Estava, assim, fadada a enfrentar as dificuldades e os óbices inerentes ao aparecimento de ideias inovadoras.

O dilema da espiritualidade

A novidade esbarrava, contudo, antes de mais nada, em uma deturpação do sentido de espiritualidade que andava na cabeça de tantos fiéis. Para muita gente (até hoje?), esta consistia, básica e quase exclusivamente, na recitação de orações, na prática de devoções, jejuns, penitências e outros atos tidos como piedosos.

Outra prática também muito recomendada e preconizada em nossa mocidade como de rica espiritualidade, era a de rezar jaculatórias várias vezes ao dia e, até mesmo, durante a noite se, por acaso, o pobre cristão acordava ou padecia de insônia.

De certa feita, passou pelo colégio onde um de nós dois estudávamos, um jesuíta francês – chamava-se, se a memória não nos trai, Pierre Charles. Foi apresentado aos alunos como autor de uma importante obra, *A oração de toda hora*. É forçoso confessar que o escrevinhador destas linhas nunca leu tal livro. Ficou, porém, profundamente intrigado, com o significado do título: Como fazer uma oração a toda e qualquer hora? E, em decorrência, punha-se a examinar as mais diferentes situações: Como é possível rezar durante um jogo de futebol? Rezar no momento que recebo o passe do ponta esquerda e vou marcar o gol? Como? Ao mesmo tempo, diante do inexplicável, fazia este raciocínio, metendo-o goela abaixo: Não é possível, entretanto, que um jesuíta famoso esteja inventando coisas...

É preciso confessar que foi difícil e demorado sair do dilema, de tal modo a noção de espiritualidade estava ligada a atitudes piedosas na cabeça de nossa geração. Não será, contudo, que, em nossos dias, ainda tenha gente que pense como o embaraçado colegial do século passado, por volta da década de 1940?

Para desmentir a confusão que, muitas vezes, se faz ao considerar que a espiritualidade consiste apenas na recitação de orações ou na prática de gestos piedosos, de jejuns e penitências ou, ainda, de leituras edificantes, basta uma única indagação: Na festança das bodas de Caná, o que Jesus e Maria estavam fazendo lá? Estavam, por acaso, rezando? Fazendo penitências? Realizando práticas ascéticas? Assumindo ares angelicais? Propondo atos devocionais? Rezando salmos com um olhar meloso, fixo nas alturas celestiais?

Parece que o evangelho e o bom senso não autorizam esta interpretação. Jesus e os discípulos foram convidados para a festa (João 2:2) naturalmente porque conheciam os noivos e as famílias ali reunidas. A festividade era alegre, cheia de iguarias e beberíveis, pois aquela gente sabia que "o vinho alegra o coração do homem".[74] É bom, a propósito, não esquecer que seis talhas de água (cerca de 100 litros cada) transformadas em puríssimo vinho era uma rica contribuição para não faltar alegria aos participantes do casório...

É claro que nesse ambiente festivo Jesus não estava rezando salmos, mas, isso sim, conversando e alegrando-se com os amigos. E Maria acompanhava a festa tão de perto que, avisada por alguém ou como fruto de sua própria observação, viu que o vinho acabara. Logo o vinho que tantos consideram um verdadeiro convite ao pecado... Enfim, Maria estava na celebração da festa como qualquer mulher judia daquele tempo. E Jesus como a rapaziada da época. Nenhum dos dois estava no alegre festejo nupcial em atitude "devota", com ares de gente exalando "odor religioso", com "olhar celeste" voltado para as coisas do céu, como tantas imagens ou pinturas de nossas igrejas representam a cena...

Mas será que alguém diante do comportamento totalmente humano de Maria e Jesus nas bodas de Caná seria capaz de dizer que os dois não viviam e praticavam a espiritualidade?

Para encurtar o raciocínio, aqui vai o exemplo de outra situação. Agora já nos tempos atuais, bem longínqua daquele gol marcado com chute bem dado e preciso, sem qualquer oração ou jaculatória...

Outro dia, assistimos na televisão filme célebre, realizado por famoso diretor francês Luc Besson sobre a vida de Joana d'Arc que, como todo mundo sabe, foi declarada santa da Igreja Católica. Logo, ninguém pode colocar em dúvida que a Padroeira da França teve uma profunda e verdadeira vida espiritual. Aqui entra, uma vez mais, o enigmático "como". O mesmo que surgiu na cabeça do escrevinhador deste texto na memorável cena do "famoso" gol no prélio futebolístico de tantos anos atrás...

Como Joana pôde virar santa se, em sua juventude, não fez outra coisa notável senão andar, vestida de pesada armadura como um homem, espada em riste, a comandar as tropas de condes e barões contra o exército inglês que ocupara sua terra? Como? Onde estava a espiritualidade de Joana em semelhantes refregas militares?

---

[74] Salmos 104:15; Eclesiastes 10:19.

Vale a pena o leitor assistir ao celebrado filme porque, além de bem feito, com cenas magníficas, é bastante esclarecedor para elucidar o que se deve entender por espiritualidade.

Joana, nascida em 1412 nos campos de Domrémy, na Lorena, era uma simples camponesa. Aos dezesseis anos, ouviu vozes divinas que a ordenava a libertar Orléans, ocupada pelos ingleses. Sempre seguindo o que lhe diziam as vozes, conseguiu o que parecia impossível: chegar ao rei e convencê-lo de sua missão. Claro que, na corte real, ninguém acreditava no que a atrevida mocinha dizia. Tanto que levaram o assunto na troça. O Delfim, futuro rei, sentou-se, escondido, no meio dos nobres, colocando no trono um figurante. Joana, ao entrar no salão real, ao invés de dirigir-se ao trono passou a procurar Carlos VII no meio da nobreza que ali estava reunida, pronta para fazer uma boa gozação com a petulância da jovem camponesa, ainda por cima analfabeta. Levada pelas vozes, descobriu o príncipe e, sem acanhamento, falou-lhe de sua divina missão.

Colocando de lado qualquer outra discussão, o indubitável é que a Donzela de Orléans não fez outra coisa do que, a qualquer custo, mesmo enfrentando o ridículo, manter-se fiel às vozes que ouvia, à inspiração do Espírito.

Espiritualidade: o que é?

ra, não é nada difícil atentar que a palavra espiritualidade provém de Espírito, está, pois, diretamente ligada à ação do Santo Espírito em nós, em todos os que buscam a santidade para a qual, pelos méritos de Cristo, fomos chamados até mesmo antes de existirmos, como aclarou São Paulo (Efésios 1:4) repetindo o que já dissera, séculos antes, o profeta Isaías (Isaías 49:1).

É nessa linha que um ilustre beneditino conceitua a espiritualidade "como o deixar-se *conduzir pelo Espírito* de Deus. O caminho para isso é abrir-se à fé e aderir ao projeto divino".[75]

Não discrepa dessa linha o que disse um inesquecível e queridíssimo amigo nosso, frei Miguel Pervis, OP (Ordem dos Pregadores), "O que é a espiritualidade? É um caminho para se chegar a Deus, movidos pelo Espírito, no conjunto das realidades em que vivemos".

Um casal canadense, nosso companheiro no Pontifício Conselho para a Família, Huguette e Bernard Fortin, em conferência ali pronunciada esclarecia que a espiritualidade "é o encontro do espírito humano com o espírito divino, do agir humano com o agir divino". Um casal espanhol, Álvaro e Mercedes Gomez Ferrer, nossos conhecidos de longa data, lembrou em pronunciamento feito em Fátima, que a espiritualidade "nos chama a viver todas as *realidades da vida*, segundo o Espírito, na busca da vontade de Deus".

---

[75] Dom Marcelo Barros, in *Ribla*, n. 33, p. 198.

Veja-se que dos três enunciados aparecem sempre duas constantes: uma, a referência ao *Espírito*, outra, a indicação das *realidades concretas* da vida. Note-se que nenhum deles circunscreve a noção de espiritualidade à prática de coisas tidas como religiosas, devocionais ou até mesmo litúrgicas. É sinal claro que a vivência espiritual vai bem além de tais práticas, invadindo a plenitude da vida humana. Por tal motivo, todos os atos e atitudes, ações e obras realizados pelos homens e mulheres, se inspirados e conduzidos pelo Espírito, assumem a característica de vivência da espiritualidade e, por conseguinte, levam à santidade.

É de toda a conveniência, nestas alturas, prevenir o leitor acerca do sentido mais profundo da palavra *Espírito*.

Ao utilizá-la vem logo à cabeça a ideia que espírito é o contrário da matéria, algo com o sentido de alguma coisa etérea, distante da realidade, que paira além das nuvens, fora do mundo real, concreto, efetivo.

Tal acepção decorre, em grande parte, da marcante influência do pensamento grego, sobretudo do platonismo, na nossa maneira de pensar. A nossa palavra espírito provém, como sabemos, do latim *spiritus*, que, por sua vez, foi a tradução encontrada para o termo grego *pneuma*. Este, por seu turno, traduziu o termo que se encontra no original hebraico *ruah*, que significa sopro, o movimento do ar, o vento.[76]

Significa, no fundo, como bem adverte José Comblin, a "força de Deus", aquela que deu força a Moisés, a Davi, a Elias, aos profetas, aquela prometida por Jesus Cristo e que, em Pentecostes, desceu sobre os apóstolos: "Uma força inaudita, uma força nova, uma força que vinha diretamente de Deus, que era a própria força pela qual Deus tinha feito o mundo".[77]

Aqui, no aspecto que nos interessa, viver a espiritualidade é contar e deixar-se levar pela "força de Deus" nas realidades concretas

---

[76] Ver *Bíblia de Jerusalém*, nova edição revista e ampliada, Paulus (São Paulo), 2002, nota "d" ao texto do Gênesis 1:2, p. 33; *Bíblia do peregrino*, Paulus (São Paulo), 2002, p. 16; André-Marie Gérard, *Dictionnaire de la Bible*, Robert Laffont (Paris), 1989, verbete espirit, p. 347; John L. Mckenzie, *Dicionário bíblico*, Paulinas (São Paulo), 1984, verbete espírito, p. 305.

[77] José Comblin, *O Espírito Santo no mundo*, Vozes (Petrópolis), 1978, p. 10.

de cada dia. É saber, pelo dom gratuito da fé, que o Senhor está ao nosso lado em toda e qualquer situação, por difícil que seja. É ter a convicção que Ele nos inspira e guia pelos caminhos que desde toda a eternidade traçou, não só para cada um de nós, mas também para o nosso "ser conjugal".

Uma procura fundamental

Aqui, porém, o que nos preocupa é buscar entender o que é a espiritualidade conjugal.

Esta preocupação também ocorreu ao padre Caffarel e aos casais iniciadores do movimento das Equipes de Nossa Senhora. Foi ele mesmo que, falando em 3 de maio de 1987, em Chantilly, na comemoração dos 40 anos das Equipes de Nossa Senhora, contou como surgiu a ideia da espiritualidade conjugal. E a contou depois de narrar, com uma ponta de ufania, que em julho de 1940 voltou a Paris "depois de ter fugido três vezes aos alemães para ser nomeado coadjutor de uma paróquia".[78] Lá, "deparou com outros casais aos quais contou a experiência" com os quatro primeiros. Pediram para fazer com eles o mesmo tipo de reunião. Este grupo de pioneiros, em suas reuniões, ao mesmo tempo que "buscavam o pensamento de Deus sobre o matrimônio, tomaram consciência que a vida humana não é um caminho fácil". Puseram-se, então, a procurar uma resposta a esta pergunta: "Como viver, no estado-de-vida de casado, todas as exigências da vida cristã?". A indagação levou-os a uma decisão: "Pareceu-nos necessário,

---

[78] Tratava-se da Igreja de Saint-Augustin onde, anos antes, convertera-se Charles de Foucauld (cf. Jean Allemand, *Henri Caffarel*, p. 31) no elegante 8º Distrito, na avenida César Caire n. 8, onde tivemos por duas vezes inesquecíveis oportunidades de visitá-lo. Encantou-nos um detalhe por demais significativo. Em 1957, quando esteve em São Paulo pela primeira vez, ficou profundamente admirado com a monumental escultura de Victor Brecheret, no Ibirapuera, em homenagem aos Bandeirantes. Foi-lhe, então, ofertado um retrato ampliado do monumento. Fomos encontrá-lo em seu escritório, em local de destaque, quando ali estivemos.

nomeadamente, custasse o que custasse, a *elaborar uma espiritualidade para cristãos casados*". E acrescentavam, logo a seguir, a razão para haverem assim decidido: "Porque era evidente que o ensinamento corrente da 'Igreja dos padres' era para os casais que queriam santificar-se, uma espiritualidade elaborada por frades ou freiras". E, recordando aqueles tempos, o padre Caffarel acrescentava um grave alerta – válido para aquela época como para hoje – "havia, portanto, uma descoberta a fazer, caso contrário cairíamos em um impasse: os casais nunca iriam longe no caminho da santidade se permanecessem em uma espiritualidade de frades. Por isso, o primeiro aprofundamento durante os anos de ocupação (alemã) foi de um aprofundamento doutrinal".[79]

E, mais adiante, na mesma conferência, ao resumir os "elementos característicos do *carisma fundador* (das equipes) tal como ele se foi revelando no decurso dos anos", enfatizava uma outra vez mais: "É indispensável elaborar uma espiritualidade do casal que não pode ser a do celibatário ou do frade".[80]

---

[79] Cf. *Carta Mensal* reimpressa no Brasil, como separata, Equipes de Nossa Senhora, Portugal, abril de 1988, p. 14.
[80] Ibid., p. 18.

A espiritualidade conjugal:
o que não é

 procura a que se lançaram o padre e os casais, não podia deixar de começar pelo que era mais fácil: apontar o que não podia ser uma espiritualidade destinada à gente casada, gente metida em um tipo de vida bem diverso do de padres e freiras.

A tarefa não era nada fácil. Aqueles primeiros casais, como muita gente até hoje, não deviam ter uma ideia muita clara acerca do assunto, Como bem lembra frei Hildo Conte, falar em "espiritualidade traz à memória freiras e monges, pessoas excepcionais que abandonam o mundo para se dedicar àquilo que é espiritual, vivendo o celibato e a pobreza, num 'caminho de perfeição', próximos de Deus graças aos sacrifícios e longas meditações. Ainda perdura a mentalidade que conserva esta separação: de um lado estão os religiosos que vivem a vida espiritual; de outro estão os leigos, que vivem no mundo, a realidade cotidiana dos mortais comuns e por isso não conseguem unir a experiência de Deus com a sensualidade. Colocam as coisas espirituais nas profundezas da interioridade e tudo o que se refere aos sentidos é colocado no nível externo e superficial".[81]

Sem dúvida, não foi sem dificuldade, nem sem uma árdua luta interna que aquela gente logrou vencer as ideias que, desde a juventu-

---

[81] Hildo Conte, *A vida do amor: O sentido espiritual do Eros*, Vozes (Petrópolis), 2001, p. 26.

de, estavam arraigadas em suas cabeças. Como já chamamos a atenção, não é nada cômodo a pessoa ter que rever os seus conceitos, mudá-los, sobretudo se parecem bem assentes e de longa data repetidos.

O fato é que aqueles jovens casais reviram as suas posições e suas concepções tradicionais. Chegaram a uma conclusão que o padre Caffarel explica com um exemplo esclarecedor.

Nada de plágio

Conta o padre Caffarel que um primeiro aspecto surgiu como decorrência de um episódio pitoresco.

Ao terminar uma conferência, foi procurado por uma senhora que o cumprimentou efusivamente. Curioso, indagou-lhe o motivo que a levara a um aplauso tão entusiástico. Ela respondeu: "O senhor sabe, o coronel (era assim que ela nomeava o marido, como se fosse o único no mundo...), quando eu me casei ele era, é claro, apenas um simples tenente. Mas já era profundamente cristão. Era até irmão oblato de uma abadia. E tinha um profundo senso de abnegação e, até mesmo, de penitência. O senhor não imagina, mas ele chegava até mesmo a usar um cilício.[82] Mas eu posso garantir que quem mais sofria com a penitência era eu, pelo mau humor com que ele ficava".

Quando em São Paulo, em 1957, o padre Caffarel contou o caso, acrescentou, porém, com o senso de humor que lhe era peculiar que, na ocasião, passou pela maior tentação de sua vida. Teve ímpetos de dizer: "Minha senhora, um homem que é casado, para fazer penitência, não precisa usar cilício: basta-lhe a mulher...".

Assim, a primeira conclusão que os pioneiros chegaram foi esta: a espiritualidade conjugal não pode ser um *plágio* da vida religiosa, aquela que é vivida em um convento ou em um mosteiro, por mais edificante que ela seja.

---

[82] O cilício era muito usado (e inculcado) pelos ascetas para se fazer penitência. Era um pedaço de tecido grosso, rústico, bastante rugoso e áspero que amarrado ao corpo chegava, muitas vezes, a arrancar sangue.

Nada de evasão da realidade

O segundo erro a ser descartado para se descobrir a espiritualidade dos casados é evitar a fuga da realidade, da vida peculiar e própria de quem se casou.

Para explicar tal aspecto, o padre Caffarel apelava para um outro caso, verídico, que chegou ao seu conhecimento.

Tratava-se de uma mãe de família profundamente religiosa, convicta da importância da piedade e, por isso, dedicada intensamente à vida de oração. Mantinha assídua amizade com religiosos do lugar onde vivia. Com muita frequência, fazia retiros nesses conventos e mosteiros. O mais importante é que, todos os dias, das nove às onze horas da manhã, trancava-se no quarto para fazer suas piedosas orações. Nesse horário, ninguém, nem as empregadas, nem os filhos, nem muito menos o marido podia sequer bater à porta de madame. Claro que, com o tempo, o marido foi procurar consolação junto a uma mulher menos piedosa...

Nada de individualismo

Uma outra descoberta importante. Desta vez para ilustrar, não vamos apelar a um caso ou exemplo tirado da conferência "para uma espiritualidade do cristão casado" feita pelo cônego Caffarel.[83] Desta vez, vamos recorrer a um exemplo de nosso conhecimento e que nos é muito caro.

Trata-se dos pais de Esther. Ambos muito religiosos. A mãe era congregada mariana que não perdia as atividades de seu sodalício. Nem as suas devoções diárias. O pai era homem de profunda formação religiosa, desde os tempos em que foi aluno exemplar no Colégio dos Jesuítas em Friburgo, RJ. Fez toda a vida de comunhão diária, me-

---

[83] O paradoxal, nesta conferência, foi o auditório a que se destinava: uma reunião das mestras de noviça de diversos institutos religiosos da região parisiense.

ditação cotidiana, sem nunca esquecer a recitação do terço e do ofício mariano, além de fazer longas leituras espirituais. Era um homem de intensa vida de oração.

O mesmo se pode dizer da mãe de Marcello que, apesar de uma longa enfermidade, era exemplarmente fiel às suas leituras, à meditação e suas devoções. Quando se pilhava um pouco melhor partia, em passos lentos, para assistir à sua Santa Missa. Uma dessas vezes teve um distúrbio na irrigação dos olhos que a deixou cega no momento que se dirigia à mesa da comunhão. Assim mesmo comungou, pedindo auxílio, às palpadelas, a quem estava ao seu lado.

Nenhum deles, contudo, conhecia nem jamais ouvira falar em espiritualidade conjugal. Cada um vivia de seu lado, individualmente, a sua união com Deus. Nunca haviam ouvido dizer que "um 'eu' e um 'tu' encontram-se em um 'nós' que é, ao mesmo tempo, o 'eu' e o 'tu' de ambos projetados para a dimensão transcendente (...) para um 'nós' tão vasto e profundo que, à luz da fé, torna-se um mergulhar no próprio Mistério da comunhão Trinitária".[84]

Como diz o padre Caffarel, "cada um tinha seu atalho pessoal para chegar a Deus, em que o outro não só era colocado de lado, mas também até julgado como alguém que podia até atrapalhar. Eram, pois, incapazes pela 'formação' que receberam de jamais pensar nessa realidade fundamental, o *nós* criado pelo sacramento".[85]

É notável ressaltar que, antes mesmo de ouvir falar em espiritualidade conjugal, nosso querido amigo Pedro Moncau escrevia em 19 de junho de 1944 nos apontamentos que fez depois de um retiro: "Assunto de meditação, sem dúvida, a meditação a dois, Nancy e eu. Ela tem a sua vida de piedade; eu, 'a minha'. Nós dois não fazemos senão uma mesma alma – essência mesma do casamento".[86]

---

[84] Hildo Conte, *A vida do amor: O sentido espiritual do Eros*, Vozes (Petrópolis), 2001, p. 45.
[85] Cf. *L'Anneau d'Or*, Édition du Feu Nouveau (Troussures), n. 84, novembro-dezembro de 1958, p. 427; *Lettre des END*, edição especial, abril de 1967, p. 6.
[86] Nancy Cajado Moncau, *O sentido de uma vida: Pedro Moncau Jr.*, Loyola (São Paulo), 1986, p. 121.

É uma grande verdade, porém, confessar uma coisa: se estamos aqui a discorrer sobre a espiritualidade é porque, lá atrás, nossos pais muito rezaram e pediram para que recebêssemos o grande dom da fé e procurássemos seguir um cristianismo autêntico, malgrado nossas limitações.

Nada de comunitarismo

O fundador das equipes refere-se, na citada conferência, a um jovem casal que procura o sacerdote: "Queremos que o senhor confesse a nós dois juntos". Ao que o padre retrucou: "Não, meus caros, um depois do outro".

Claro, a resposta não podia ser outra. É um erro pensar que a espiritualidade própria dos casados passa por cima e elimina a vida espiritual pessoal do marido e da mulher. Da mesma maneira que o casal não faz desaparecer a personalidade de um e de outro. Eles continuam a existir, cada um com a sua personalidade própria. Só que os dois, ao unirem-se, levados pelo amor, dão origem a um novo ser, o casal, o ser conjugal. Mas como a pessoa de cada um não é abolida, continua com a sua existência própria; é evidente que a espiritualidade que anima cada um como indivíduo continua, não só a subsistir, mas pode – e até deve – encontrar apoio e fator de crescimento na espiritualidade que nasce com o casamento.

Esta, todavia, é bom repetir, não vai eliminar o meu impulso pessoal para crescer na busca de minha santificação pessoal. Assim, se um tiver sido educado na espiritualidade beneditina e o outro na inaciana, não é o advento da vida espiritual decorrente do matrimônio que vai tornar-se empecilho para que um cresça no que Bento ensinou e o outro na fidelidade ao que Inácio propôs.

Ainda outro dia, convidados pela abadessa do Mosteiro Nossa Senhora da Paz, fomos fazer uma palestra sobre a nossa espiritualidade aos irmãos oblatos da abadia, vários deles casados. Como não existe antagonismo entre a nossa espiritualidade, de casal, e a beneditina, pessoal e comunitária, já estamos convocados para prosseguir falando, aos oblatos casados, sobre a espiritualidade decorrente do sacramento que os tornou membros de um novo ser, o casal.

E não há antagonismo porque a conjugalidade nos apresenta um *campo novo* na vida espiritual, diverso daquele que é característico de quem não foi como que consagrado a Deus pelo casamento.[87]

Uma união piedosa?

Para avançar um pouco no que desejamos explicitar, seja-nos lícito começar por um episódio de nossa própria vida, extremamente grato e inesquecível.

Ao tempo que fazíamos parte do Pontifício Conselho para a Família, durante a sua assembleia anual, João Paulo II fazia questão de não apenas receber cada um de seus vinte membros como de conversar com cada um dos casais. Lá nos idos de 1987, aproveitamos a oportunidade para oferecer ao papa o livro *O sentido de uma vida*, que dona Nancy escreveu sobre o seu marido dr. Pedro Moncau. Foram eles dois que introduziram as Equipes de Nossa Senhora no Brasil. Tivemos a graça de conhecê-los bem e trabalhar bem próximo aos dois durante mais de vinte anos. Em um gesto atrevido, com certa dose de humor, fui dizendo: "Eu sei, Santidade, que não tenho o poder de canonizar ninguém, mas Santo Padre pode ficar certo que Pedro Moncau é santo!". Ao que ele respondeu: "Sim, temos muita necessidade de um casal santo!".

Pois bem. No final de 2001, João Paulo II teve a oportunidade de satisfazer ao anseio que nos expressou. Aproveitou *"a feliz e significativa ocasião em que se celebrava o 20º aniversario da 'Familiaris Consortio'* para beatificar um casal italiano de nosso tempo, Maria e Luigi Quattrocchi".

Por isso, toda a sua alocução durante a cerimônia está baseada naquela exortação apostólica. Daí, João Paulo II fazer questão de frisar que "o amor dos esposos, Luigi e Maria Quattrocchi, é uma viva

---

[87] "Gaudim et Spes" 48/351.

demonstração do que o Concílio do Vaticano II afirmou a propósito do apelo à santidade, *especificando* que os casados buscam tal objetivo *propriam viam sequentes,* seguindo seu *próprio* caminho".

Ora, o lamentável é que duas revistas católicas aqui no Brasil, destinadas às famílias, ao noticiarem o acontecimento destacaram trecho da alocução papal que parece dar a entender que o casal foi beatificado porque participava, todos os dias, da Eucaristia bem como pelo fato dos dois recitarem o rosário cotidianamente. Claro que Maria e Luigi encontravam em tais atos de piedade um alimento para "viverem à luz do evangelho e com grande intensidade humana o seu *amor conjugal* e o serviço à vida dos filhos".

O que João Paulo II, no entanto, fez questão de ressaltar e frisar, como fundamento da santidade do casal, não foi a fidelidade dos dois a tais atos de piedade. Quis João Paulo II com o exemplo dado por Luigi e Maria Quattrocchi – é bom repetir – reiterar o que o Concílio Vaticano II afirmou a propósito do apelo à santidade dirigido a todos os fiéis, *especificando* que os casados buscam tal objetivo *"propriam viam sequentes,* seguindo o seu *próprio* caminho".[88] Daí João Paulo II ressaltar que o casal italiano é "uma demonstração viva" do ensinamento conciliar.

É preciso reter bem o significado desta afirmação do Santo Padre se se pretende descobrir, para viver, o que é a espiritualidade conjugal. Tanto que João Paulo II insiste em afirmar que "a heroicidade da virtude deles foi constatada a partir da vida dos dois *como casal* e como pais". Assim, na vida deles foi possível contemplar a revelação sacramental do amor de Cristo por sua igreja "porquanto" os esposos cumpriram a sua missão conjugal e familiar com a força proporcionada pelo sacramento. Pois foi desta maneira, "juntos, como casal, que os dois contribuíram para a glorificação de Deus" como ensina a "Gaudium et Spes" 48.

Mais adiante, dirigindo-se a todos os casados, João Paulo II aponta os novos beatos como "uma confirmação admirável, em nosso

---

[88] *La Documentation catolique,* Bayard Presse (Paris), n. 2259, 2 de dezembro de 2001, p. 1022.

tempo, que o caminho de santidade percorrido juntos, um com o outro, como casal, é não só possível como belo e extraordinariamente fecundo e fundamental para o bem da família, da Igreja e da sociedade".

Logo a seguir, o Sumo Pontífice, "invocando o Senhor, pede para que sejam, a cada dia, mais numerosos os casais capazes de fazer transparecer, *na santidade de seu caminho*, o 'grande mistério' do amor conjugal que encontra a sua raiz na criação e se realiza na união de Cristo com sua Igreja" (cf. Efésios 5:22-23).

Colhe-se, portanto, da alocução papal que o caminho de santificação dos cônjuges não consiste, tão só nem precipuamente, no casal praticar ou dedicar-se, juntos, aos chamados atos de piedade, devocionais ou edificantes. É bem mais do que isso. Basta atentar que tais atos carecem da tipicidade própria da vida conjugal. Afinal de contas, os monges ou as freiras para percorrem o caminho que lhes é próprio, típico da vocação a que foram chamados, se não passarem horas na capela rezando ou praticando as devoções prescritas pela "santa regra" da ordem ou da congregação, estarão falseando o chamado de Deus.

O "caminho próprio" dos casados é outro, bem distinto. Não significa, de forma alguma, que o casal não deva rezar junto ou, até mesmo, escolher para os dois algum tipo de devoção. Não é o essencial, contudo. A oração é, sem dúvida, indispensável. Ninguém mais que o padre Caffarel incutiu nos casais a necessidade de orar. Tanto que, além dos livros e artigos por ele escritos, ao deixar sua responsabilidade de conselheiro da Equipe Dirigente Internacional das Equipes de Nossa Senhora, dedicou-se, exclusivamente, ao ensino da oração. Para tanto, fundou em Troussures uma Casa de Oração, onde faleceu. Sem dúvida alguma, é na oração que o casal vai encontrar alimento para fazer crescer o "amor conjugal", para dar força e energia ao *propriam viam sequentes* incutido por João Paulo II.

Em que consiste este "seguir o próprio caminho"? É o que procuraremos ver mais adiante. Como se trata de um "caminho novo" que, paradoxalmente, é tão velho como o ser humano, pois vem desde a sua criação como macho e fêmea, é mister, para bem compreendê-lo, derrubar mais alguns obstáculos.

Antes, já que falamos da oração, deixe-nos terminar o papel da oração na vida conjugal, citando a surpresa com que, certo dia, o padre Caffarel leu uma carta escrita por um camponês da Saboia que nunca estudou teologia, mas com acerto dizia: "Depois do casamento, a nossa vida espiritual também mudou muito, pois agora somos dois em um; doravante as nossas almas não podem ser mais ou menos vizinhas, nem mesmo justapostas, mas duas almas intimamente unidas, duas almas que não podem procurar a Deus separadamente, paralelamente, mas, isto sim, juntas, em conjunto".[89]

É claro que o bom camponês, quando fala em "almas" quer referir-se à pessoa dos dois. O pobre assim falava porque, sem saber, era vítima do dualismo platônico, da malfadada oposição entre corpo e espírito, até hoje infestando a ideia de tanta gente.[90] Até de reverenda gente que estudou teologia... É só os que já não são jovens hoje lembrarem-se das célebres missões que, de tempos em tempos, eram pregadas nas igrejas. O lema então usado, pregado em grandes cartazes ou encimando uma cruz preta era *Salva tua alma...* O corpo, coitado, não fazia parte da pessoa. Ou melhor, era considerado um grande tropeço para a ascensão da alma até Deus. Como São Paulo não teve a ventura de assistir uma dessas "missões", acabou dizendo aos colossenses "em Cristo habita CORPORALMENTE a plenitude da divindade" (Colossenses 2:9).

---

[89] *L'Anneau d'Or*, Édition du Feu Nouveau (Troussures), n. 84, novembro-dezembro de 1958, p. 427.

[90] Dualismo é a doutrina segundo a qual a realidade é formada por dois âmbitos contrapostos do ser, frequentemente visto como *o bem e o mal*, resultado de dois princípios criadores, em eterna luta entre eles. A concepção grega clássica do ser humano, que muito influenciou o pensamento teológico cristão, também era dualista: pensava o ser humano como um ser composto de alma e de corpo, duas realidades quase contrapostas e certamente separadas uma da outra, mas que se reuniam somente no fato da existência concreta e terrena do ser humano, considerada de modo negativo, uma decadência, como prisão do espírito num corpo "inimigo", contra o qual o ser humano tinha que lutar para se elevar ao mundo perfeito dos espíritos. O mais famoso dualismo foi o *maniqueísmo*. Hildo Conte, *A vida do amor: O sentido espiritual do Eros*, Vozes (Petrópolis), 2001, p. 28, nota 4.

Profano x sagrado

Pierre Teilhard de Chardin (1881-1955) é considerado por muitos eruditos, católicos ou não, um dos maiores pensadores do século XX. Era dotado de profundo espírito científico. Estudou e ensinou geologia. Tornou-se um notável paleontólogo, participando de longas e profícuas expedições científicas à África e à China, onde fez importantes descobertas arqueológicas. Era também filósofo e teólogo, havendo feito todos os seus estudos para o sacerdócio na Companhia de Jesus, onde ingressou aos dezessete anos. Procurou fazer uma inovadora síntese entre a visão científica do mundo moderno e o Cristianismo. Tentou, assim, "superar as concepções medievais e escolásticas[91] e oferecer uma concepção mais de acordo com a mentalidade contemporânea".[92]

Claro que o famoso jesuíta ao apresentar ideias que escapavam do costumeiro ramerrão, caiu na desconfiança da cúria romana. Foi proibido de publicar novas obras. Como bom jesuíta, apesar de todo o fulgor de sua inteligência e a vastidão de sua cultura, com humildade submeteu-se. Tanto que sua "obra completa" só foi publicada por uma fundação depois de sua morte.

Este breve apanhado não entrou aqui em vão. Foi colocado para mostrar que Teilhard foi um homem de nosso tempo, bem atual, alguém que viveu e soube interpretar as agruras e inquietações do mundo moderno, estonteado por tantas descobertas e avanços das ciências. Talvez tenha sido alguém que enxergou para além do nosso tempo.

Vem bem a propósito de nosso assunto, a espiritualidade, o que o famoso jesuíta escreveu, entregando sua reflexão para que todos nós, cristãos, façamos uma aprofundada meditação: "Não me parece que eu esteja exagerando ao afirmar que, para nove décimos

---

[91] Pedro R. Santidrian, *Breve dicionário de pensadores cristãos*, Santuário (Aparecida), 1988, p. 526.
[92] Apud Emanno Ancilli, *Dicionário de espiritualidade*, Paulinas/Loyola (São Paulo), 2012, p. 350.

dos cristãos praticantes, o trabalho humano não passa de estorvo espiritual. Apesar da ática da reta intenção e do oferecimento do dia a Deus cotidianamente, a massa dos fiéis conserva obscuramente a ideia de que o tempo passado no escritório, na oficina, nos estudos, nos campos ou nas fábricas, é tempo tirado da adoração. Naturalmente, é impossível deixar de trabalhar. Mas é também impossível pretender então viver esta vida religiosa profunda, reservada aos que têm folga para rezar ou para pregar o dia inteiro. Na vida é possível conseguir alguns minutos para Deus. Mas as horas melhores são absorvidas, ou pelo menos desvalorizadas, pelos cuidados materiais. Sob o império deste sentimento há uma massa de católicos que leva existência praticamente dúbia ou aborrecida; tais católicos precisam despir a roupa de homens para se vestirem de cristãos, e mesmo assim somente cristãos inferiores".

Tão realista observação tinha sua razão de ser. Melhor dizendo, ela resultava das consequências de um acontecimento histórico que deixou marcas profundas na vida do Cristianismo. Algumas extremamente fecundas, tão importantes que, até em nossos dias, produz copiosos frutos. É só recordar o papel relevante das ordens monásticas na vida atual da igreja. Outras, em virtude de graves distorções e malfadadas incompreensões, deixaram sulcos lamentáveis na compreensão da espiritualidade.

Vale a pena trazer à baila, em poucas linhas, o tal acontecimento histórico.

Lá nos começos da igreja, a partir de meados do século III, inicia-se um movimento que deixará larga influência na vida cristã, o chamado monaquismo (palavra derivada do grego *monakós* = solitário).

Em 313, com o Édito de Milão, o imperador Constantino revoga todas as proibições que, desde o paganismo, pesavam sobre a nova igreja que surgia. Os fiéis saem do esconderijo das catacumbas. A era dos mártires termina. O evangelho é pregado à luz do dia.

Pouco a pouco, os imperadores cercam a igreja de privilégios, concedem honras ao clero, constroem grandes igrejas, favorecem os seus representantes.

Dizia São Jerônimo (347-420) que após a paz de Constantino "a Igreja cresceu em riqueza e poder, mas empobreceu em virtudes".[93]

Todavia, não faltavam os que queriam dedicar-se a uma vida cristã que não se contentava apenas com as práticas devocionais na igreja, com o que usualmente se fazia no meio cristão àquela altura um tanto quanto acomodado. Era preciso afastar-se. O ambiente estava contaminado. Era preciso deixar tudo. A solução era retirar-se para longe, para o deserto, a fim de dedicar-se às coisas de Deus, à penitência, ao domínio de si mesmo e à oração. Surgiam os anacoretas (*anajorein* = separação), depois chamados também de eremitas (*eremos* = deserto). Santo Antão (251-356) foi o primeiro deles. Teve grande influência apesar de analfabeto. Mais adiante, São Pacônio (290-346) notando a grande dificuldade da vida na solidão, reuniu alguns eremitas para viverem juntos, debaixo da obediência de um *abas* (pai) de onde veio a palavra abade. Surgia assim o cenóbio (de *konos* = juntos + *biós* = vida). Foi Bento de Núrsia (480-547) que sistematizou a vida comunitária dos cenobitas, mais conhecidos como monges, fundando a Ordem dos Beneditinos que, até hoje, goza de grande e inestimável vitalidade. São Bento, com grande sabedoria, expurgou da vida monástica os exageros a que se dedicaram os eremitas.[94]

Para o assunto que nos preocupa, importa recordar, desse esboço histórico, um aspecto que se tornou marcante na espiritualidade, tanto que, durante séculos e, de certa forma, até nossos dias, muitos autores – e até mesmo a pregação – davam a entender que, para viver uma verdadeira vida espiritual, era preciso "fugir do mundo".

Sem dúvida, o mundo cristão, lá pelo século IV em diante, olhava com muita admiração os eremitas porquanto estes, deixando tudo, "fugiam do mundo", mesmo das coisas lícitas e não pecaminosas.

---

[93] Cf. Francisco Martín Hernández, *La Iglesia en la historia*, v. 1, Atenas (Madri), 1990, p. 131.

[94] Ver Pedro R. Santidrian, *Breve dicionário de pensadores cristãos*, Santuário (Aparecida), 1998.

Ora, o que então se chamava o *fugere mundi* supunha "a separação do mundo, não apenas em espírito, mas de maneira física, longe das cidades".[95]

Ademais, os eremitas "fugiam do mundo" para dedicar-se a intensas práticas ascéticas como duros jejuns e severas penitências para alcançar o domínio de si, livrando, assim, a vontade das más inclinações. Clemente de Alexandria, um dos padres da igreja, dizia que estes eram "os escolhidos dos escolhidos". E outro padre, São Cipriano, afirmava: "É a porção mais gloriosa do rebanho de Cristo, flor e primavera da Santa Madre Igreja".[96]

O monaquismo deixou sequelas profundas na vida da igreja. Umas ricamente positivas. Nessa linha basta apontar para a gloriosa e fecunda importância da vida monacal, até hoje florescente na igreja. Como são as abadias beneditinas, cistercienses, trapistas ou camaldulenses.

Outras, porém, negativas. A ideia de "fugir do mundo" acabou parecendo, a um sem número de cristãos, que o "mundo", isto é, o que estivesse fora das paredes dos templos ou dos muros dos conventos, era prejudicial à vida espiritual. Ou, no mínimo, não tinha qualquer papel na vida religiosa. Estabeleceu-se, assim, o dualismo *profano e sagrado*, cabendo ao verdadeiro cristão desprezar as coisas profanas para dedicar-se, o mais possível, ao que estivesse ligado ao sagrado.

A própria etimologia das duas palavras atesta tal visão. Profano vem do latim *pro+fanus* em que o *pro* tem o significado de estar diante do *fanum* (templo), ou seja, o que está fora do templo, além de suas paredes e, assim, oposta ao *sanctus*, lugar das coisas santificantes.[97]

O sagrado, por sua vez, provém de *sacrum*, aquilo que é santo, venerável, dedicado à divindade, exatamente o contrário de profano.

A distinção é perversa porque confina a espiritualidade tão só ao que tem um marcado cunho religioso, ao que se passa no templo e, no máximo, é trazido para a vida pessoal devota.

---

[95] Francisco Martín Hernández, *La Iglesia en la historia*, v. 1, Atenas (Madri), 1990, p. 134.
[96] Hernández, op. cit., p. 133.
[97] Anselm Grün, *A proteção do Sagrado*, Vozes (Petrópolis), 2003, p. 23.

Ora, é fácil perceber que estamos diante de uma grave distorção. É só lembrar-se que Jesus Cristo não passou a sua vida dentro do templo nem gastou as horas de sua existência rezando. Até pelo contrário. Dos 33 anos que viveu nesta terra, trinta passou sem chamar atenção de ninguém, metido em sua casa de Nazaré ou ajudando na oficina do pai. Ou visitando a freguesia. Ou conversando com os amigos. Inclusive indo a festas, como as bodas de Caná atestam. Tanto que chega a ser chamado de "glutão e beberão" (Mateus 11:119; Lucas 7:34). Entretanto, ninguém vai ter a pretensão de dizer que Jesus não vivia a sua espiritualidade porque se dedicava a tais coisas, tidas como profanas.

Lucas conta que Paulo, ao chegar a Corinto, aí encontrou Áquila e sua mulher Priscila. E aponta uma particularidade que faz coro ao que estamos dizendo: "Como tinham a mesma profissão – eram fabricantes de tendas – Paulo passou a morar e trabalhar com eles" (Atos 18:3).

Aliás, o apóstolo em suas cartas, mais de uma vez, faz referência ao seu trabalho. Segundo ele bem duro. Aos coríntios recorda: "Esgotamo-nos no trabalho manual" (1 Coríntios 4:12) para "dia e noite não ser pesado a ninguém" (1 Tessalonicenses 2:9). Na segunda epístola que mandou aos cristãos da Tessolônica, reitera o que já havia dito: "Enfrentamos um trabalho penoso e cansativo, de noite e de dia" (2 Tessalonicenses 3:8).

É mais do que claro que Paulo, fazendo tendas "dia e noite", não estava cansando-se em um trabalho do tipo piedoso ou devocional, mas trabalhava pesadamente em uma atividade dita profana. Será, então, que alguém é capaz de dizer e sustentar que São Paulo "de dia e de noite" não estava vivendo a sua espiritualidade?

Logo, para bem entendermos o que é a vida espiritual, é mister tirar da cabeça o preconceito, infelizmente tão difundido, que viver a espiritualidade é praticar apenas atos piedosos, tão só dedicar-se a orações, fazer penitências, dar esmolas ou coisas parecidas, todas com "cheiro de igreja".

Quem assim pensar, engana-se redondamente.

Com devida vênia, aqui vai até mesmo uma indagação de cunho pessoal: Será que o leitor acha que, ao escrevinhar estas linhas, o pobre do escritor não está praticando a sua espiritualidade?

A música que, neste momento, o aparelho faz soar é obra de um dos mais fecundos compositores de todos os tempos, João Sebastião Bach. Isso faz lembrar outro exemplo. Nas centenas de partituras que escreveu, Bach fazia questão de antepor até mesmo ao nome da obra estas palavras: *Soli Gloria Dei* (somente para a glória de Deus).

Será que o grande João Sebastião ao passar a vida toda ou tocando ou compondo ou regendo músicas não estava imbuído de uma profunda espiritualidade?

Seja dito, a bem da verdade, que nas horas vagas ele dedicava-se a ter filhos (foram 21), o que não deixava de ser um exercício de amor, portanto, de espiritualidade!

O famoso e já citado Pierre Teilhard de Chardin passou boa parte de sua vida se dedicando às pesquisas científicas. Tornou-se um dos mais eminentes paleontólogos de todos os tempos. Participou da expedição que, na África, descobriu os vestígios do *homo erectus* e depois com seu trabalho revelou ao mundo científico que aquele ancestral do ser humano já usava o fogo e instrumentos rudimentares. Era, ao mesmo tempo, teólogo e um admirável místico. Escreveu estas palavras que, no fundo, representam um sagaz repudio à tão propagada e arraigada ideia do profano e o sagrado. Diz ele: "Ciência (que significa todas as formas de atividade humana) e Religião sempre foram uma única e mesma coisa para mim e, no que me diz respeito, ambas perseguem o único e mesmo objeto: 'Cristo em todas as coisas'".

Como bem observa uma estudiosa de sua obra: "Para Teilhard, o universo não é simplesmente um objeto de pesquisa científica; é uma realidade viva, concretamente experienciada, um mundo que ele amava com paixão e acolhia como alvo vivo, palpitante de energia e crescimento. Ele se refere à 'Mãe-Terra', a *Terra Mater*, que é nosso solo e matriz, o 'mundo-ventre' do qual nascemos e no qual temos raízes sólidas, uma terra cuja riqueza, imensidão e diversidade biológica Teilhard abordou com profunda reverência e permanente senso de admiração".[98]

Vê-se, por aí, que o célebre jesuíta, ao apregoar semelhante visão, estava profundamente impregnado do que, vinte séculos antes, Paulo havia dito aos cristãos de Roma: "Vós viveis segundo o espírito

---

[98] Ursula King, *Cristo em todas as coisas: A espiritualidade na visão de Teilhard de Chardin*, Paulinas (São Paulo), 2002, p. 45.

que habita em vós" e "Sabemos que *tudo* contribui para o bem daqueles que amam a Deus" (Romanos 8, 9, 11, 28).

Segue-se, assim, a necessidade de extirpar da cabeça de tantos cristãos o malévolo dualismo sagrado x profano. Tal preconceito, como com clareza e profundidade, mostrou o monge alemão Anselm Grün, é uma inequívoca herança do paganismo. Foram os romanos, muito antes de Cristo, que chegaram a dar forma jurídica à oposição entre as coisas sagradas e as chamadas profanas.

Não era assim, todavia, que pensava uma das mais admiráveis mulheres que se tem notícia, Teresa de Ávila, proclamada pela igreja como a doutora mística: *O senhor está também entre as panelas.*

"Dias nefastos" e "dias fastos"

A tal confusão entre o sagrado e o profano penetrou de tal modo e com tal vigor na mentalidade cristã que, para afastá-la, vale a pena insistir mais um pouco.

Para tanto, vamos enveredar um pouco pela história da velha Roma pagã, responsável última pela confusão entranhada no "inconsciente coletivo" cristão.

Antes de mais nada, não podemos olvidar um dado de fundamental importância para entender o *mundus romanus*. É um de seus mais eruditos conhecedores, em obra clássica, a *A cidade antiga*, que nos adverte: "Não devemos esquecer que para o mundo antigo o que constituía o laço de toda a sociedade era o culto". Em outra passagem, reitera: "A ideia religiosa foi, entre os antigos, o sopro inspirador e organizador da sociedade".[99] Por isso que "nenhum ato político era possível sem um fundamento ou, pelo menos, uma aprovação de caráter sacral", daí todas "as instituições adquirirem um sentido mágico religioso".

---

[99] Fustel de Coulanges, *A cidade antiga, estudo sobre o culto, o Direito e as instituições da Grécia e de Roma*, v. 1, 5ª edição, Clássica Editora (Lisboa), 1941, pp. 209 e 231; L. M. M. de Azevedo, "Roma e sua formação orgânica" in *Revista da Pontifícia Universidade Católica de São Paulo*, v. 8, fasc. 16, dezembro de 1955, p. 55.

Um exemplo bem esclarecedor era a distinção que se fazia entre os *dies nefasti* – nos quais não podia haver qualquer ato público, como julgamentos ou comícios – e os *dies fasti* – em que eram lícitas as atividades. Tanto estes como aqueles eram determinados pelo *auspicia*, a consulta feita às vísceras dos animais sacrificados pelos *aruspices*, sacerdotes encarregados no templo de realizar o rito adivinhatório.[100]

Ou seja, as coisas sagradas eram realizadas no interior do templo, chamado também, conforme está em Cícero, de *fanum*.[101] Só elas eram tidas como sagradas. O resto era considerado, como já foi dito, *pro-fanum* porque não estava dentro do templo, mas "diante" (pro),[102] sem direito de entrar no recinto sagrado. Tornava-se, assim, "o oposto do *sanctus*, do sagrado. Logo eram coisas e atividades destituídas de cunho religioso".[103]

Não é de estranhar que tal dualismo tenha deixado um profundo sulco no pensamento dos fiéis, fazendo com que, quase instintivamente, sempre se ache que o sagrado é próprio da religião, ao passo que o profano é destituído de valor religioso. A história das religiões revela que sempre foi assim. Roma não foi exceção.[104]

O próprio Antigo Testamento não ficou isento a este pensamento. A visão que se colhe de vários textos vai nesse sentido: "Profano pode ser usado para qualquer fim, mas santo (sagrado) deve ser usado somente no culto". Assim, por exemplo, lê-se nas disposições de Moisés: "O altar será santíssimo e tudo o que o tocar será santo" (Êxodo 29:37, 30:29; Levítico 6:11, 6:22, 7:6).[105]

Cristo, contudo, "não veio para abolir a lei, mas dar-lhe pleno cumprimento" (Mateus 5:17), levando-a à perfeição com o "mandamento novo", o do amor (João 13:34).

---

[100] Jacques Ellul, *Histoire des institutions,* v. 1, PUF (Paris), 1995, pp. 233-235.

[101] M. Tullius Cícero, *De divinatione*, livro 2, seção 67, cf. Ernesto Faria, *Dicionário escolar latino-português*, MEC (Brasília), 1975.

[102] Ibid.

[103] Cf. Anselm Grün, *A proteção do sagrado*, Vozes (Petrópolis), 2003, pp. 22-23.

[104] Ver Karl Rahner e Herbert Vorgrimler, *Petit dictionnaire de théologie catholique*, Éditions du Seuil (Paris), 1969, verbete sacré, p. 432.

[105] John L. Mckenzie, *Dicionário bíblico*, Paulinas (São Paulo), 1984.

Por isso, Jesus, na encantadora cena de sua conversa com a samaritana, deixou bem claro: "Acredite-me, ó mulher, que chegou a hora em que nem nesta montanha, nem em Jerusalém, adorareis o Pai (João 4:21).

Dessa maneira, Jesus deixa bem claro que a distinção entre sagrado e profano está ultrapassada: "Já não há mais espaços especiais ditos sagrados onde Deus deixa se encontrar".[106]

Não foi por outra razão que o Senhor pediu: "Pai, não peço que tires os discípulos do mundo, mas os livres do maligno" (João 17:15) "para que todos tenham vida e vida em abundância" (João 10:10).

Vem a calhar, para espantar o tão incrustado preconceito, o que disse Gandhi: "O mundo jamais se salvará, *se,* quando pusermos a mão na massa, quando acendermos o fogo com um tição, quando enfileirarmos colunas intermináveis de números na mesa de contabilidade, quando, abrasados e queimados pelo sol, estivermos no meio do roçado, quando permanecermos diante do forno de fundição, não realizarmos exatamente a mesma vida que viveríamos se nos achássemos em oração em um mosteiro".[107]

Se quisermos, portanto, entender uma coisa nova, a exata dimensão e o verdadeiro sentido da espiritualidade dos casados, é preciso lutar e tirar da cabeça a ideia preconcebida, arraigada em séculos, de que o profano é infenso ao sagrado. Ou melhor, que as atividades e as ações consideradas profanas não podem ser divinizadas pela vida espiritual.

Afinal, "as realidades naturais e as sobrenaturais não são duas realidades separadas e sobrepostas; uma não é anterior à outra. Deus criou a ordem natural e nela colocou o seu Espírito santificador".[108]

Seja lícito resumir tudo o que se disse com as palavras do ilustre frade gaúcho: "Não faz sentido falar em 'sagrado' e 'profano', pois

---

[106] Hildo Conte, *A vida do amor: O sentido espiritual do Eros*, Vozes (Petrópolis), 2001, p. 37.
[107] Emanno Ancilli, *Dicionário de espiritualidade*, Paulinas/Loyola (São Paulo), 2012, p. 352.
[108] Conte, op. cit., p. 33.

tudo o que existe saiu do coração santo e amante da Trindade. A matéria, o corpo, o sexo, a história, a ciência, a sociedade, a política, o empenho pela transformação social, a luta pela justiça e pelos direitos humanos, tudo é campo aberto para a experiência espiritual. A atividade do Espírito é fazer novas todas as coisas".[109]

---

[109] Hildo Conte, *A vida do amor: O sentido espiritual do Eros*, Vozes (Petrópolis), 2001, p. 38.

Matrimônio e espiritualidade

epois de procurar esclarecer a visão doutrinária acerca do que seja a espiritualidade conjugal, é de toda conveniência abordar o assunto de uma forma mais vivencial, descendo ao terreno da vida do casal no dia a dia. Para tanto, contudo, é mister não olvidar algo absolutamente fundamental: em que consiste o próprio sacramento do matrimônio, origem e fundamento da espiritualidade conjugal.

Não é demais, então, não perder de vista a teologia de nosso sacramento, o que nos leva a voltar, ainda que uma vez mais, à noção definida pelo Concílio de Trento e que, lá na década de 1930, foi reiterada por Pio XI na famosa encíclica "Casti Connubii" 38 ao declarar:

> O matrimônio, na Nova Lei, tornou-se de fato sinal e fonte daquela especial graça interior pela qual eleva o amor natural à maior perfeição, confirma sua indissolúvel unidade e santifica os cônjuges.[110]

João Paulo II – já declarado santo – nos idos de 1962, ao promulgar o Catecismo da Igreja Católica, não deixou de reiterar o ensinamento tridentino com estas palavras:

---

[110] Concílio de Trento ou "Casti Connubii" 24.

A graça própria do sacramento do matrimônio destina-se a aperfeiçoar o amor dos cônjuges, a fortificar sua unidade indissolúvel. Por esta graça "eles se ajudam mutuamente a santificar-se na vida conjugal, como também na aceitação e educação dos filhos".[111]

Um pouco mais adiante, vai deixar bem claro que:

Trata-se das características normais do amor conjugal *natural* a ponto de torná-los expressão dos valores propriamente cristãos.[112]

Tanto que o Catecismo, para não pairar dúvida alguma acerca da sacramentalidade do amor natural entre os casados, vai ensinar que:

A sexualidade está ordenada para o amor conjugal entre o homem e a mulher. Tanto que a intimidade corporal dos esposos se torna um sinal e penhor de comunhão espiritual. Entre os batizados, os vínculos do matrimônio são santificados pelo sacramento.[113]

De certa feita, em uma palestra para casais, invocamos aos presentes tais textos. Ao final, um dos presentes pediu a palavra para indagar se estávamos bem certo do que havíamos dito, pois desde o tempo em que estudava em colégio de padres sempre ouviu dizer que os sacramentos produzem a graça sobrenatural. Como, então, pretender que – logo a sexualidade – seja sinal de comunhão espiritual? Algo que é comum até entre os pagãos que nem no céu acreditam! E sempre se soube que a religião está toda ela voltada para as coisas celestes e nunca para atividades do mundo por mais bonitas que sejam. É o caso de uma festa em que os participantes nem rezam uma Ave-Maria!

---

[111] "Casti Connubii" 1641.
[112] Ibid., 1643.
[113] Ibid., 2360.

Ora, a visão apresentada pelo autor da reprimenda é por demais "piedosa" e afastada da boa doutrina. É só não esquecer que o primeiro milagre de Jesus não aconteceu nem no templo, nem em uma reunião de oração: foi em uma festança social, nas bodas de Caná. E ao fazê-lo não pediu aos convidados para fazerem silêncio com o fito piedoso de rezarem um salmo... Simplesmente obedeceu à mãe que, como boa dona de casa, percebeu a vergonha que os donos da festa passariam com a falta de vinho. Tão pouco discutiu com o filho, dizendo simplesmente aos empregados: "Façam o que ele disser".

O milagre, por conseguinte, deu-se em um puro acontecimento social com até mesmo o risco de alguns convidados abusarem do vinho que, ademais, devia ser de boa qualidade...

Logo, a graça de Deus atua tanto na solenidade litúrgica realizada em uma majestosa catedral como na simplicidade, ditada pelo amor natural, do encontro do marido com sua esposa para juntos trocarem ideias, recordarem bons momentos ou traçarem planos de vida. Ainda que os dois considerassem como absolutamente normal o encontro, na realidade os dois estão dando um passo para que cresça o amor natural que os une. Vale dizer que o sacramento do matrimônio aí está em plena atuação.

Como, entretanto, isso pode acontecer sem que os dois rezassem, ao menos, uma Ave-Maria?

Quem assim garante é, como já vimos, o Concílio de Trento. O crescimento do amor natural faz com que o casal se santifique. Isso, contudo, não significa que o sacramento matrimonial tenha como fruto *imediato* tornar o casal mais piedoso, mais fervoroso nas orações, frequentador mais assíduo ao sacrifício da missa ou de outras práticas religiosas.

Não é isso, como já mostramos, que Trento atribuiu como sendo a finalidade do nosso sacramento. Seja-nos permitido, dada a importância fundamental que a igreja atribui ao matrimônio, recordar uma vez mais que o sacramento que une marido e mulher destina-se, como disse a "Casti Connubbi" 38, a "elevar o amor *natural* à sua maior perfeição e, assim, santificar os próprios cônjuges".

Lamentavelmente na igreja, mesmo depois do tridentino, por influência sobretudo do platonismo e do maniqueísmo, entendia-se o corpo humano, segundo uma frase órfica muito difundida: "O corpo é uma prisão para a alma (*psychê*)".[114]

Na mesma linha, pode-se citar outro renomado autor, Plotino (205-270), que "dará corpo a uma doutrina que se assenta essencialmente sobre o platonismo".[115]

Em admirável livro, frei Hildo Conte, professor de teologia na PUC de Porto Alegre, lembra que na história do cristianismo, foram assimiladas várias correntes de pensamento que dificultaram e empobreceram a prática e a teoria das mais genuínas espiritualidades bíblicas. Os maiores prejuízos situaram-se exatamente na compreensão da corporeidade e da sexualidade humana. "A leitura cristã da realidade sexual utilizou no passado as categorias morais do platonismo e do estoicismo, nas quais se inspiraram os Padres da Igreja e, depois deles, pouco a pouco, toda a teologia tradicional da sexualidade até o Vaticano II."[116]

João Paulo II, por sua vez, fez questão de apontar o nefasto papel do maniqueísmo que situava "a fonte do mal na matéria, no corpo e proclamava, portanto, uma condenação de tudo aquilo que na pessoa é corpóreo. E sendo que a corporeidade na pessoa se manifesta sobretudo através do sexo, então, a condenação era estendida ao matrimônio e à convivência conjugal para além das outras esferas do ser e do agir, na qual se expressa a corporeidade".[117]

Não se pode deixar de lembrar que tais doutrinas eram dualistas: consideravam o ser humano composto de alma e corpo, duas realidades contrapostas e separadas em que o corpo era a prisão do espírito. Logo, tudo que estivesse ligado ao corpo impedia o crescimento. Nesta concepção, o sexo e o casamento não podiam ter uma situação favorável.

---

[114] Cf. Gerald F. Hawthone e Ralph P. Martin (org.), *Dicionário de Paulo e suas cartas*, Vida Nova/Paulus/Loyola (São Paulo), 1997, verbete corpo.

[115] Cf. Pierre Pierrard, *História da igreja católica*, Planeta (São Paulo), 1992, p. 42.

[116] Guido Gatti, *Morale sessuale educazione dell'amore*, Elledici (Turim), 1988, p. 71; Hildo Conte, *A vida do amor: O sentido espiritual do Eros*, Vozes (Petrópolis), 2001, p. 27.

[117] João Paulo II, *Uomo e donna lo creò: Catechesi sull'amore umano*, Libreria Editrice Vaticana/Città Nuova (Roma), 1985, pp. 184-185.

É fácil, então, constatar que o matrimônio não podia ser considerado como um caminho de santidade. Contudo, a influência de tal concepção esteve tão arraigada nos pensadores que, simplesmente, colocaram de lado, sem dar a mínima consideração ao ensinamento do Concílio de Trento, o que perdurou até o alvorecer do Vaticano II!

Em tal contexto, o lamentável – e até incompreensível – é que os pensadores cristãos desse tempo passaram por cima – ou se fizeram de surdos – do que a Bíblia ensina a respeito da vida corpórea.

Só para terminar, como que resumindo tudo o que se disse, aqui vai um exemplo surpreendente vindo de um autor admirável em vários campos, inclusive inovador, pois que Agostinho de Hipona, com sua obra *De civitate dei*, é considerado o iniciador da filosofia da história. Entretanto, foi ele que "ao utilizar os conceitos filosóficos gregos" colocou as bases teológicas para uma espiritualidade desencarnada e avessa ao corpo e à sexualidade.[118]

O que causa estranheza é como os teólogos anteriores a Trento fizeram a filosofia grega ocupar tão prioritário papel à frente da Bíblia, ignorando-a completamente.

Será que essa gente nunca leu e refletiu sobre o que Paulo disse com toda clareza:

> Não sabeis por acaso que o vosso corpo é templo do Espírito Santo que está em vós e que recebeis de Deus? Glorificai, por tanto, a Deus em vosso Corpo.[119]

Mais adiante vai lembrar:

> O pão que partimos não é uma comunhão com o corpo de Cristo? Visto haver um só pão, todos nós somos um só corpo porque todos participamos desse pão único (Coríntios 10:17).

---

[118] Hildo Conte, *A vida do amor: O sentido espiritual do Eros*, Vozes (Petrópolis), 2001, p. 32.

[119] 1 Coríntios 6:19-20.

O Catecismo da Igreja Católica vai deixar o assunto ainda mais claro, ao ensinar:

> No casamento a intimidade corporal dos esposos se torna um sinal e um penhor de comunhão espiritual.[120]

O famoso teólogo Bernard Chenu, OP, faz um alerta por demais impressionante: "Jesus que é Deus fez-se homem. Entretanto, nunca lamentou ser o que realmente era, ditoso de seu corpo humano". Mais adiante vai acrescentar:

> A Bíblia oferece uma visão positiva do corpo, do casal, da fidelidade. O contexto grego e o latino dos primeiros séculos cristãos tinha visão bem diferente.[121]

Não esqueçamos, pois, a exata conceituação do assunto conforme a elucidativa síntese apresentada pelo padre Caffarel: "Lembramos de que o homem não é feito de dois elementos contraditórios ou até mesmo divergentes: o corpo e o espírito. Ele é um corpo animado por uma alma – uma alma que se acha encarnada. O homem é um todo, uma unidade".[122]

Por tudo isso, não se pode esquecer a advertência de Leonardo Boff: "Pertence ao lado trágico da cultura ocidental ter separado corpo e alma".[123]

O realmente deplorável é que o esquecimento (ou a deturpação) de tais pensamentos aqui recordados "acabou sendo trágico para nosso tempo", declarou São João Paulo II, em discurso dirigido às Equipes de Nossa Senhora em 4 maio de 1970.

Podemos dizer, em suma, com nosso Papa Santo que:

---

[120] Catecismo 2360.
[121] Cf. Bernard Chenu, *La fe de los catolicos*, Madri, p. 48.
[122] Henri Caffarel, *O amor e a Graça*, Flamboyant (São Paulo), 1962, p. 19.
[123] Leonardo Boff, *A águia e a galinha*, Vozes (Petrópolis), 1997, p. 84.

O essencial para o matrimônio como sacramento é a *linguagem* do corpo, relida na sua verdade. Exatamente isto se constitui, de fato, o sinal sacramental.[124]

No mesmo discurso, João Paulo II vai deixar, para nós casados, uma palavra da mais extrema animação:

Entre os esposos cristãos as manifestações de *ternura* estão impregnadas do amor bebido no coração divino.[125]

Daí, na mesma ocasião, haver lançado um repto para todos nós:

Devemos responder ao apelo da Igreja por uma *nova evangelização* baseada no amor humano.[126]

Não esquecer que o repto é lançado a nós casados pois:

El testimonio que devemos dar és bien particular: ni los sacerdotes, ni las religiosas, ni los solteros pueden dar testimonio de nuestro sacramento.[127]

---

[124] João Paulo II, *Uomo e donna lo creò: Catechesi sull'amore umano*, Libreria Editrice Vaticana/Città Nuova (Roma), 1985, p. 402; ver também Hildo Conte, *A vida do amor: O sentido espiritual do Eros*, Vozes (Petrópolis), 2001, p. 253.

[125] João Paulo II, op. cit., p. 23.

[126] Cf. *Guia das Equipes de Nossa Senhora*, p. 47.

[127] *Discipulos Misioneros de Cristo*, Bogotá, p. 38.

Uma nova espiritualidade?

oão Paulo II – já declarado santo – falando aos superiores dos carmelitas, em fins de 1992, lançou um brado da mais alta importância para nós que vivemos em nosso tempo:

> No mundo inteiro existe uma enorme necessidade e um forte desejo de uma nova espiritualidade. Os sinais tradicionais da presença de Deus já não conseguem comunicar a sua mensagem.[128]

Isto porque, lembra Paulo VI:

> A exposição falaz da doutrina mais velaram do que revelaram o genuíno rosto de Deus e da religião.[129]

Não se pode, ainda, olvidar, no nosso intento, que:

> A teologia tradicional não se empenhou em responder o que é o matrimônio. E quando o fez limitou-se a

---
[128] Cf. *L'Osservatore Romano*, Vaticano, 1 de novembro de 1992.
[129] "Gaudium et Spes" 19/254.

desenvolver uma interpretação mais jurídica e formal do que teológica.[130]

Em tais tempos, se alguém, padre ou leigo, tivesse a ousadia de dizer "o essencial para o matrimônio, como sacramento, é a linguagem do corpo", certamente iria parar nas barras da Inquisição. Ocorre que o autor da afirmação, não só não foi parar no famoso tribunal, como se tornou papa e acabou canonizado como São João Paulo II.

Apesar do célebre Alberto Einstein haver dito que "é mais fácil desintegrar um átomo do que vencer ideias preconcebidas", vamos, pedindo a ajuda do Santo Espírito, tentar mostrar em uma visão mais vivencial do que só teórica como a "linguagem do corpo" pelo sacramento matrimonial leva o casal que se ama a viver mais intensamente a vida do Deus "que é Amor" (1 João 4:8).

Para balizar o que vamos dizer, não podemos esquecer a lição básica que o tridentino nos legou: as graças do sacramento do matrimônio têm por finalidade "fazer crescer o amor natural e assim santificar o casal".

Vale dizer uma vez mais que o escopo de nosso sacramento não é nos tornar mais piedosos, nos fazer participar com mais frequência da Santa Missa, adotar devoções especiais para com os santos, não deixar de jejuar às primeiras sextas-feiras do mês etc. A verdade fundamental, porém, é que Deus propicia a sua graça em nosso sacramento para que eu e ela nos amemos cada vez mais e, assim, nos tornemos mais próximos Dele que "é amor".

O enlevo, o encantamento, o fascínio, a sedução de um pelo outro que surgiu desde os primeiros encontros vão se tornar a cada dia, por força do sacramento do matrimônio, mais profundos, mais ricos, mais envolventes de tal sorte que, com o tempo, já não são dois, mas um só ser, o casal, tal como está prenunciado no livro do Gênesis: "O homem abandona pai e mãe, se junta à sua mulher e se tornam uma só carne: um só ser".[131]

Não se olvide, porém, que o amor que vai unir marido e mulher a ponto de torná-los um novo ser, o casal, não ocorre de uma

---

[130] Dionigi Tettamanzi, *I due saranno una carne sola: Saggi teologici su matrimonio e famiglia*, Elledici (Turim), 1986, p. 63.

[131] Gênesis 2:24.

só vez, em um repente, mas deve ser construído ao longo da vida dos dois, em meio a dificuldades e problemas, inclusive aqueles que brotam das diferenças oriundas da educação de um e outro. Por isso mesmo que Deus, como Pai, vem ajudar os dois concedendo-lhes seu auxílio através da graça propiciada por um sacramento permanente.

Vale dizer que em nosso sacramento:

Cristo utiliza o amor humano, tal como em outros sacramentos a água, o pão, o óleo consagrado para se manifestar e se comunicar.[132]

O papa Paulo VI, falando às ENS, lembrou que:

O amor de Cristo utiliza no casamento o amor humano para manifestar-se.[133]

Ou como deixou bem claro o Celam:

A espiritualidade conjugal utiliza os recursos próprios da vida conjugal para abrir caminho à ação do Espírito.[134]

Daí São João Paulo II haver deixado este ensinamento fundamental, lamentavelmente bem pouco conhecido pelos cristãos leigos e, acima de tudo, pelo clero:

O efeito primeiro e imediato do matrimônio (*res et sacramentum*) não é a graça sobrenatural propriamente, mas o vínculo conjugal.[135]

---

[132] Padre A. M. Carré, OP, in *Lettre des* END, França, edição especial, abril de 1967, p. 42.

[133] "Paulo VI às Equipes de Nossa Senhora comentado por Henri Caffarel", p. 42.

[134] "Aproximaciones a una EC desde America Latina", Celam, Bogotá, p. 26.

[135] João Paulo II, "Familiaris Consortio" 13, in *La Documentacion catholique*, Bayard Presse (Paris), 18 de novembro de 1979.

Não foi, portanto, sem razão que o padre Caffarel lembrou:

> A doutrina é a mesma, mas não pode ser
> vivida por um monge como por um casal.[136]

Tal afirmação foi recordada pelo iniciador das ENS no Brasil, nosso inesquecível e sábio amigo Pedro Moncau:

> O cristianismo é igual para todos, mas não
> pode ser vivido da mesma forma pelo monge,
> pelo sacerdote, por uma religiosa ou por um
> solteiro e por um homem e mulher casados.[137]

A "Familiaris Consortio" resume o assunto ao recordar que:

> O modo próprio e específico com que os esposos
> são chamados a viver a caridade de Cristo, portanto,
> a Santidade é através do amor conjugal.[138]

Diante de tais ensinamentos não vamos esquecer algo fundamental. O Catecismo ensina que os sacramentos são "sinais sensíveis que produzem a graça divina". Cabe, então, indagar quais são os sinais próprios do sacramento do matrimônio.

Para tanto, não olvidemos que o Concílio de Trento declarou que a "santificação dos cônjuges", em virtude do sacramento matrimonial, "faz-se pelo aperfeiçoamento do amor natural". Segue-se, então, que os sinais próprios do sacramento não podem deixar de estar ligados ao amor natural que une o casal. Logo os atos que manifestam o amor de um pelo outro não podem deixar de ser sinais sacramentais.

---

[136] Henri Caffarel, "A EC", Lucerna (Rio de Janeiro), p. 34.

[137] Pedro Moncau, *O Espírito e as grandes linhas do movimento*, ENS (São Paulo), p. 1.

[138] João Paulo II, "Familiaris Consortio" 13, in *La Documentacion catholique*, Bayard Presse (Paris), 18 de novembro de 1979.

Assim, o beijo que os dois trocam como sinal de carinho é um ato sacramental. O abraço apertado que parece externar o desejo de se fundirem é o sacramento que confere aos dois a graça que os faz viver do amor do próprio Criador.

De certa feita, falando a um grupo de casais das ENS, citamos o beijo e o abraço trocados pelo casal como atos sacramentais. Não foram poucos os protestos: como vocês podem afirmar que dois gestos de clara motivação sexual são atos sacramentais?

Quando o tumulto baixou, indagamos se corríamos o risco de ir parar na Inquisição. Por sorte, uma das jovens presentes, depois de declarar-se estudiosa da doutrina e consultar seu caderno de anotações, leu um trecho da "Familiaris Consortio" em que João Paulo II declara:

> **O efeito primeiro e imediato do matrimônio (*res et sacramentum*) não é a graça sobrenatural propriamente, mas o *vínculo conjugal cristão*, uma comunhão a dois tipicamente cristã porque representa o mistério da encarnação de Cristo e o Mistério da Aliança.**

Aproveitamos a deixa para acrescentar uma noção, da mais suma importância, para se compreender a espiritualidade da gente casada:

> **Trata-se das características normais do *amor conjugal natural*.**[139]

Todavia, é bom constatar que João Paulo II, em nosso tempo, não estava sozinho quando ao tratar o assunto insistiu na ideia do amor natural como efeito primordial de nosso sacramento.

É só recordar que Pio XI, lá nos idos de 1930, na célebre encíclica "Casti Connubii", fez questão de repetir o ensino tridentino:

> **O matrimônio é sinal e fonte daquela *especial graça* pela qual eleva o *amor natural* à maior perfeição, confirma a sua unidade e santifica os próprios cônjuges.**[140]

---

[139] "Familiaris Consortio" 13 in fine.
[140] Concílio de Trento 24, cf. n. 38 da encíclica.

O Vaticano II, por sua vez, tratou largamente o sacramento do amor que une um homem e uma mulher e que, por isso mesmo, é um caminho de santidade.

Seria longo demais recordar tudo o que o concílio ensinou a propósito de nosso sacramento. Fiquemos aqui apenas com algumas passagens.

Assim, a "Gaudium et Spes" depois de lembrar que:

> O autêntico *amor conjugal* é assumido no amor
> divino e por isso como que *consagrado* para os
> deveres e dignidade familiar.[141]

Um pouco adiante vai recordar:

> Que o verdadeiro amor entre marido e esposa...
> é eminente *humano* porque parte de uma pessoa e
> se dirige a outra pessoa mediante o *afeto* da vontade.[142]

Já o número seguinte da "Gaudium et Spes" vai nos dizer algo de uma importância decisiva, algo que robustece definitivamente o conceito de *amor natural*:

> A afeição (entre o homem e a mulher)
> se exprime e se realiza de maneira singular
> pelo *ato próprio do matrimônio*.[143]

Ou como a Celam, nas sugestões que mandou ao Vaticano como contribuição ao Sínodo sobre a Família, declarou que o *encontro sexual* é o momento da "máxima densidade sacramental".[144]

---

[141] "Gaudium et Spes" 48/351.
[142] "Gaudium et Spes" 49/354.
[143] Ibid. 49/355.
[144] Equipo de Reflexión Teológico-Pastoral del Celam, *La família a la luz de Puebla*, Celam (Bogotá), documento 40, 1980, p. 39.

Foi por tais razões que um dos padres da igreja, São João Crisóstomo, deixou uma mensagem que é o melhor encorajamento para todos os casados:

O amor que une os esposos é o que os une a Deus.[145]

Ou como diz o documento de São Domingos:

O matrimônio cristão é um sacramento em que o *amor humano* é santificante e comunica a *vida divina*.[146]

Será que, em nossos dias, alguém não é capaz de dizer o que é o "amor natural"? Será que nosso pai e nossa mãe não sabiam o que era o amor que os unia? Será que o leitor que nos acompanhou até aqui, ser for casado, não sabe, por experiência própria, o que tem feito para amar a sua esposa? E ela, de seu lado, como tem manifestado seu amor por ele? E qualquer um de nós, casado, bem sabe que o "amor conjugal" não é um conceito muito bonito, abstrato, etéreo, poético. Ao revés, todos sabem que ele se realiza no dia a dia através de palavras, gestos, atitudes, carinhos, ternuras, pela alegria que um dá ao outro e, sobretudo, pelo insopitável desejo de um fundir-se com o outro para que realizem o que Deus quis desde o momento da criação: "Que os dois sejam uma só pessoa", "uma só carne" como está escrito no livro do Gênesis.

E o próprio Cristo fez questão de lembrar aos fariseus esta verdade fundamental: "Nunca lestes que o Criador, desde o princípio, os fez homem e mulher? E por isso ele deixará seu pai e sua mãe e se unirá à sua mulher e os dois formarão uma só carne" (Mateus 19:4-6).

O que dá pena e é profundamente lamentável é que tantos e tantos teólogos e pregadores, infestados pelas ideias do grego Platão, tenham

---

[145] Patrologia Grega 62/141 apud Paul Evdokimov, *Sacramento del amor: El mistério conyugal a la luz de la tradición ortodoxa*, Libros del Nopal (Barcelona), 1966.

[146] Equipo de Reflexión Teológico-Pastoral del Celam, op. cit., documento 213, 1980.

esquecido ou passado por cima da verdade básica acerca do casal humano: aquela inscrita logo nas primeiras páginas do que o Criador nos revelou através do livro que vem antes de todos os outros 73 livros da Bíblia!

Sirva como exemplo o que disse o eminente teólogo dominicano Edward Schillebeeckx ao admitir que a "teologia escolástica tinha uma certa antipatia para com o sexo e a sexualidade" a ponto de, naquela época, haver-se chegado à concepção de que "o matrimônio virginal era como que a realização ideal do matrimônio"![147]

É mais do que claro que hoje ninguém ousará preconizar o tal matrimônio, mesmo porque, segundo a doutrina da igreja, o casamento sem a consumação nem sacramento é!

Vamos encontrar outro exemplo em Gregório, o Grande, que foi papa de 590 a 604, no livro *A pastoral* – de cunho obrigatório para todos os padres – não hesitou em dizer que todas as relações sexuais são sempre pecaminosas porque manchadas pelo prazer.[148]

Nos fins do século XIV, apareceu uma obra de "caráter pastoral para uso de pessoas iletradas" sob o título de *Doutrinal para gente simples* que, retomando ensinamentos de Gregório, o Grande, afirmava ser "proibida toda união carnal nos domingos e dias de festa e nas regras, bem como antes da decisão de comungar e até mesmo quando por simples prazer".[149]

O grande Agostinho de Hipona, malgrado toda a sua invejável inteligência, não teve dúvida em "achar que o espírito gozaria de uma indizível alegria se os esposos pudessem ter filhos sem o prazer da coabitação".[150]

Gregório de Níssa, um dos padres gregos, "desenvolveu a teoria que a diferenciação sexual provém de uma 'segunda criação', decidida por Deus somente por causa do pecado e da inclinação para este".[151]

---

[147] Cf. Edward Schillebeeckx, *O matrimônio, realidade terrestre e mistério de salvação*, Vozes (Petrópolis), 1969, p. 305.
[148] *Alliance*, n. 9-10, maio-junho de 1980, p. 75.
[149] *Alliance*, n. 9-10, maio-junho de 1980, p. 75.
[150] Cf. Bernhard Häring, *Livres e fiéis em Cristo*, v. 2, Paulinas (São Paulo), 1982, p. 495.
[151] Ibid., p. 494.

Gregório Magno, em texto muito citado por autores, dizia "que os esposos cometeriam pecado venial se não conseguissem eliminar o prazer decorrente do ato conjugal".[152]

Não é de estranhar tais declarações, pois, bem antes, Tertuliano (160-225), um dos mais influentes padres latinos, com grande influência sobre a definição do "pecado original", não teve dúvidas em declarar "a mulher como porta do inferno", além de outro dos grandes padres latinos, um dos que influíram na conversão de Santo Agostinho de Hipona, sustentava que "todas as pessoas casadas deveriam envergonhar-se do estado em que vivem".[153]

Em compensação, Santo Tomás de Aquino refutou energicamente Gregório, chegando a dizer que "no paraíso terrestre o prazer deve ter sido ainda maior no estado de inocência".[154]

"Na atualidade são monges ou celibatários os que escrevem a maior parte dos livros sobre matrimônio, por isso não logram atingir seu objetivo, mas apenas roçam o tema, sem poder ir a fundo. Mas, salvo o caso de uma revelação particular, por acaso seria possível alguém escrever, com propriedade e exatidão, algo que é, exatamente, o oposto de seu estado-de-vida?"[155]

Conforme noticiaram algumas publicações, parece que o bom papa João Paulo I não discordava das palavras de Evdokimov, pois chegou a dizer: "O que nós, solteirões inveterados, sabemos sobre a sexualidade? Isto deve ser tratado por gente casada".

Um ilustre jesuíta argentino que tivemos o prazer de conhecer em Bogotá quando da preparação do documento do Celam enviado ao Sínodo dos Bispos, padre Enrique Fabbri, fez questão de esclarecer e fazer suas as palavras que Morris West, na novela *Lázaro*, colocou na boca de um personagem: "Durante a maior parte de minha vida fui sempre um sacerdote celibatário. O que então eu

---

[152] Ibid., p. 495.
[153] Paul Evdokimov, *Sacramento del amor: El misterio conyugal a la luz de la tradición ortodoxa*, Libros del Nopal (Barcelona), 1966, pp. 19 e 21, nota 2.
[154] Ibid., p. 19.
[155] Ibid., p. 21.

posso saber das relações complexas e íntimas da vida conjugal? Eu confesso: nada".[156]

Ao fazer tal declaração, o padre Fabbri estava em perfeita sintonia com que afirmou o Celam:

> Desde os tempos da grande espiritualidade francesa (séculos XVII e XVIII), os que se ocuparam, com dedicação, para discorrer sobre a vida conjugal e familiar, buscando uma espiritualidade que lhes fosse adequada, deixaram bem claro que tais espiritualidades sempre foram elaboradas por gente solteira e, por isso mesmo, como era de se esperar, baseadas nos modelos de vida consagrada ou sobre modelos de vida presbiterial ou episcopal por isso preconizavam uma espiritualidade tecida de práticas piedosas que nada tinham que ver com a vida familiar e conjugal.[157]

O querido e dedicado padre Flavio Cavalca de Castro, CSsR, em seu magnífico livro *O casamento, resposta de Deus* fez também questão de esclarecer: "Esta palestra não pretende ser mais que um ensaio sobre a espiritualidade conjugal que, em grande parte, está por ser criada ou pelo menos explicitada. Não tenho dúvida que essa tarefa caiba em primeiro lugar aos próprios casais. E, entre todos os temas dessa espiritualidade, é a vivência da sexualidade conjugal que está a exigir um esforço mais urgente. Não compete a nós, Sacerdotes Conselheiros Espirituais, tentar substituí-los na tarefa".[158]

---

[156] Enrique Fabbri, *Genesis y plenitud del amor conyugal*, Paulinas (Buenos Aires), 1998, p. 39.

[157] "Aproximaciones a una espiritualidad familiar en America Latina", Celam (Bogotá), p. 24.

[158] Flavio Cavalca de Castro, *O casamento resposta de Deus*, Equipes de Nossa Senhora (São Paulo), 2005, p. 187.

Antes do Vaticano II

É de se lamentar que o nosso sacramento, em eras anteriores ao Vaticano II, não tenha sido objeto de muita simpatia. Tanto que o ensino ou a pregação, durante tanto tempo, não deu a devida importância a ele.

Prefeririam sempre falar em "família", como se pudesse existir uma entidade familiar, verdadeiramente cristã, sem pais que vivessem o sacramento do matrimônio. Este, contudo, não mereceu atenção. Falar do que Trento ensinou, nem pensar!

Veja-se, como primeiro exemplo, o documento da CNBB de 18 de março de 1975 intitulado "Em favor da família". É só olhar o índice. As primeiras três páginas (7 à 10) dedicam-se, sobretudo, a profligar um projeto de lei a favor do divórcio. Da página 11 até a 20, as "razões e contra razões dos divorcistas". Da página 21 à 23 aparece a preocupação para frisar a "indissolubilidade do vínculo conjugal". Daí até as últimas páginas aparecem tão só razões filosóficas e teóricas, de cunho abstrato, tais como a seguinte: "O matrimônio que não se abre aos mais altos e absolutos ideais não supera o arbítrio". E termina com as "perspectivas de uma política familiar global (...)". Nisso tudo o pobre do *amorem naturalem* não é digno de receber uma só mençãozinha sequer!

Pulemos para as "Diretrizes gerais da ação pastoral da igreja no Brasil 1979/1982".

Lá no item 6 fala-se na entidade familiar que deve "procurar caminhos para que os casais e as famílias possam progredir na sua vocação ao amor e na missão de formar pessoas". Sem deixar de destacar, em negrito, que tal "pastoral" está intimamente ligada à "pastoral social".[159]

E nas diretrizes está a orientação de "considerar-se a família como sujeito e agente insubstituível de evangelização e como base de comunhão da sociedade" (p. 39) e por aí vai, sem sequer mencionar o tal do sacramento do matrimônio!

---

[159] "Diretrizes gerais da ação pastoral da Igreja no Brasil 1979/1982", CNBB, p. 38.

Nas "Diretrizes para 1983-1986" acontece a mesma coisa. As de 1995-1998 são mais alentadas em páginas que as anteriores porque falam, entre outras coisas, da "crise da economia brasileira, do esgotamento do modelo de substituição das importações, as dificuldades de pagar a dívida externa...". E por aí vai com outras alegações de cunho econômico! E discutíveis?

Nestas diretrizes nem a tão falada "pastoral familiar" mereceu vez.

E na América Latina?

O sumiço do matrimônio nos documentos oficiais, todavia, não é só um problema brasileiro. Vamos para o âmbito da II Conferência Geral do Episcopado Latino-americano reunido em Puebla de Los Angeles em 28 de janeiro de 1979. O texto oficial, em português, traz um minucioso índice analítico em vinte páginas.

Se o leitor estiver animado pela penosa virtude da paciência, dedique-se a contar os números de referência de alguns itens. Assim vai ver que o tema família merece 37 referências, mulher 24, paternidade responsável 5. E o casamento? Nenhuma referência! Quando nos demos ao trabalho de fazer a suprarreferida contagem, pensamos logo: deve estar no tópico matrimônio. Procuramos em vão, todavia. Os nossos bispos, talvez, acharam desnecessário abordar o tema...

É de justiça, contudo, assinalar que, na reunião do Celam em Santo Domingo de 12 de agosto de 1992, o documento oficial traz quatro tópicos sobre o matrimônio no Plano de Deus (210 à 213), ainda que resvale na ideia de "contrato matrimonial" ao citar o Código de Direito Canônico, hoje revogado pelo atual que prefere falar em "aliança matrimonial" (c. 1055, 1). É de ressaltar que o item 212 estatue que "homem e mulher são chamados ao amor na *totalidade* de seu corpo e espírito"! E o seguinte deixa claro que o "matrimônio é um sacramento em que o *amor humano* é santificante e comunica a vida divina". E a partir daí volta a insistir no papel da família, o que ocupa treze itens, do 214 ao 227.

E Aparecida?

Deixemos de lado, porém, as reuniões realizadas na America Espanhola. Mas – sem qualquer eiva de patriotismo – parece que os ares de Aparecida melhoraram a abordagem do assunto. Será por que o cardeal Jorge Bergoglio (hoje papa Francisco) estava lá e, até mesmo, chegou a presidir a comissão de redação?

Para não perder o hábito "estatístico" no exame do índice remissivo, vamos constatar que o matrimônio merece 11 referências, suplantada pelas 17 referentes à "vida consagrada" e nada menos que 71 para "família".

Vale a pena ressaltar que os textos acerca do matrimônio, sob o ponto de vista doutrinário, são bem mais expressivos e significativos que os das anteriores conferências. Se não vejamos.

Logo no item 117 o nosso episcopado ensina que:

> **O amor conjugal é assumido no sacramento do matrimônio para *significar* a união de Cristo com a sua Igreja.**

Mais adiante, no item 175, letra "g", vem assinalado algo que no campo doutrinal anima e encoraja os casados:

> **No matrimônio o amor entre o casal, com a graça de Deus, germina e cresce até a maturidade, tornando efetiva, na vida cotidiana, a doação total que se fizeram ao se casar.**

No item 437, os bispos preconizam, no terreno institucional, a educação integral da família:

> **Na dimensão do amor e da sexualidade.**

É de toda procedência ressaltar que no item 463 o documento orienta a pastoral familiar a favorecer o "anúncio e a reflexão sobre a vocação para a vida no matrimônio, na família, na Igreja e na sociedade".

Talvez toda esta digressão em torno dos pronunciamentos episcopais tenha ficado assaz extensa. Foi feita, entretanto, de propósito para mostrar que, ainda hoje, o sacramento do matrimônio se do ponto de vista doutrinário passou a gozar de simpatia, no terreno de sua concretude, do incentivo à sua vivência prática no âmbito dos gestos, das atitudes, das palavras, das ações, da mútua entrega, com relação aos documentos citados são totalmente omissos.

Não foi, pois, sem razão que Dionigi Tettamanzi não titubeou em deixar um severo alerta:

> No âmbito da teologia dos sacramentos de Jesus Cristo e da Igreja, o lugar ocupado para tratar o sacramento do matrimônio é o mais desvantajoso (*piu scomodi*) até mesmo no contexto de renovação realizado e estimulado pelo Concílio Vaticano.[160]

Uma estatística inquietante!

Ademais, no que tange ao interesse real do povo de Deus, as citadas conferências *data maxima venia concessa* não acertaram no alvo que deveriam visar. É só lançar mão do "Anuário Pontifício 2003"[161] para verificar que a população católica no mundo era de 1.061.000.000 de pessoas, assim descriminadas:

Bispos	4.649
Presbíteros	405.067
Religiosos não ordenados	54.970
Religiosos	792.317
Institutos seculares	31.512
	1.288.515 = religiosos

---

[160] Dionigi Tettamanzi, *La famiglia via della chiesa*, Massimo (Milão), 1992, p. 52.
[161] "Anuário Pontifício 2003" in REB (*Revista Eclesiástica Brasileira*), Instituto Teológico Franciscano (Petrópolis), abril de 2003, p. 409.

Se fizermos uma conta elementar, vamos verificar que os religiosos, antes especificados, representam 0,1214% de todo o povo católico no mundo, o que deve significar que mais de 1 bilhão de católicos são casados ou foram ou pretendem se casar.

Como não dispomos aqui de estatísticas de toda a América Latina, não é fora de propósito, contudo, afirmar que o panorama em nosso continente não deve ser muito diferente.

É só constatar que Puebla não dedica um só texto ao matrimônio e à vida consagrada nada menos que 47 tópicos! E o documento de Aparecida alude a 17 itens sobre o papel do pai de família. Mas ao matrimônio, que diz respeito a milhões de católicos, tão só 11 referências, sendo que uma delas é por causa do diaconato permanente...

Uma ilação

O que se pode concluir de todos estes números e estatísticas? Por que razão a vida matrimonial mereceu tão pouca atenção?

Não pense, contudo, que estamos pura e simplesmente querendo julgar, criticar, censurar ou, muito menos, desprestigiar o nosso dedicado episcopado.

De forma alguma. Até entendemos que isso não seria possível dado que, em matéria de sentimentos vivenciais, é preciso vivê-los para saber o que eles são e representam na vida de alguém. Ora, os nossos bispos e padres não podem conhecer a força profunda que tais sentimentos representam na vida dos casados, pela simples razão que eles são celibatários: da união dos dois sexos só podem fazer ideias abstratas, teóricas, doutrinárias e, sobretudo, de caráter moral! *Mutatis mutandi* é o mesmo que, nós dois, simples leigos, nos metêssemos a escrever sobre a vida de uma monja no mosteiro ou o que sente um frade desprestigiado pelo superior ou ainda a solidão que um bispo sente ao ter que tomar uma decisão que vai atingir fundo a muita gente.

E Trento?

a leitura dos documentos episcopais, contudo, *data venia*, se é quase tentado a dizer que os nossos bispos esqueceram (ou revogaram?) o que o Concílio de Trento afirmou a propósito da finalidade do sacramento do matrimônio. Quem duvidar leia de novo todos os documentos episcopais antes elencados. Se alguém encontrar um só que faça referência ao *amorem naturalem*, exaltado pelo tridentino, pode candidatar-se a cardeal, mesmo se for casado!

Como não temos dúvida alguma que a santa igreja não vai ganhar o tal cardeal, vamos procurar aprofundar um pouco mais o ensinamento de Trento.

E pedimos licença para fazê-lo convencidos, antes de mais nada, do que Jacques Leclercq fez questão de apontar:

> **Nenhuma instituição cristã manifesta melhor a impregnação do humano pelo divino, que o matrimônio, pois é o único sacramento que transforma em instrumento da ação divina uma instituição humana.**[162]

---

[162] Jacques Leclercq, *El sacramento del matrimonio*, Rialp (Madri), 1965, pp. 145-150.

A raiz do ensino de Trento

Cremos que fundamental é buscar, desde logo, onde se encontra a raiz última do ensino tridentino. Como não podia deixar de ser, encontra-se logo no primeiro livro da Bíblia, o Gênesis, na encantadora história das origens de todas as coisas.

Como sabemos, os primeiros capítulos deste livro provêm de duas fontes distintas compiladas juntas. Uma delas, designada pela letra P é atribuída a uma fonte sacerdotal, por isso muito mais abstrata e de cunho teológico. Já a outra, intitulada como javista, reflete muito mais a visão popular. É nesta, no capítulo 2, que aparece a criação da mulher para que o "homem não ficasse só" (2:18). Para tanto, o "Criador tomou uma de suas costelas" e "modelou a mulher" e a apresentou ao homem. Ouviu-se, então, o primeiro cântico a encher o universo: "Esta sim, é osso de meus ossos, carne de minhas carnes" (2:23). Logo a seguir, vem uma informação importante, facilmente compreendida pelo povo simples que tomasse conhecimento da notícia: "Por isso *um* homem *deixa* seu *pai* e sua mãe e se une à sua mulher" (2:24). A informação é assaz importante porque carregada do mais profundo sentimento humano e afetivo. Recorda o clima alegre da infância, daqueles bons tempos que Guerra Junqueiro recordou em versos inesquecíveis:

> Recordam-se vocês dos bons tempos d'outr'ora,
> D'um tempo que passou e não volta mais,
> Quando íamos a rir pela existência afora
> Alegres como em junho os bandos dos pardais?[163]

Qual de vocês que agora nos leem não se lembra das alegrias da infância? Mas não esqueçamos que era a alegria vivida na casa de nosso pai e de nossa mãe, vale dizer, no aconchego do amor paterno-maternal! E note-se que este amor não era feito de rezas ou de atos piedosos, mas de puro *amor natural*, paterno-maternal.

---

[163] Guerra Junqueiro, *A musa em férias*, Lisboa, 1913.

É assim, apesar de todo enlevo familiar, que "o homem, deixa o pai e a mãe para se unir à sua mulher" e, assim, com ela encontrar uma outra alegria natural, ainda maior porquanto os "dois serão uma só carne", um "só ser" como *La Bible expliquée* traduz o texto bíblico.

De fato, como elucida o padre Felix Asensio, SJ (Societas Iesu), professor da Gregoriana, em Roma, comentando o texto do Gênesis:

> **Um foi feito para o outro, entre *'is* = *homem* e *'issa* = *mulher* surge um vínculo mais forte e mais sagrado do que existe entre o filho e seus pais.**[164]

Se, como sabemos, existe uma comunidade de afeição e alegria entre pais e filhos, com mais razão, entre marido e mulher, a comunhão de afeição e alegria será ainda muito maior porque eles deixarão de ser dois para se tornarem um só ser, o casal.

Como os dois foram feitos um para o outro pelo próprio Deus, segue-se que a afeição mútua e a alegria que os une têm a sua fonte, a sua origem, no próprio Criador.

É o que está no fundo, na raiz, no fundamento do ensino bíblico: "Os dois serão um só ser" significa que marido e mulher são chamados, pela própria natureza, a viverem em um clima da máxima união que lhes concede felicidade e alegria.

---

[164] Felix Asensio e outros, *La Sagrada Escritura, texto y comentario por profesores de la Compania de Jesus*, v. 1, Biblioteca de Autores Cristianos (Madri), p. 46.

Por que ignoraram?

ale dizer que o "amor natural" é repleto da satisfação e regozijo como o próprio Criador fez questão de manifestar várias vezes. É o que se pode constatar no livro dos Provérbios:

> Goza com a mulher de tua juventude. Embriaga-te
> sempre com o seu seio (Provérbios 5:18-19).

Em outra passagem do mesmo livro, o autor inspirado vai dizer:

> Quem achou uma esposa, achou a felicidade, pois recebeu
> uma graça do Senhor.[165]

Em outro trecho, o mesmo sábio, sob inspiração, vai lembrar:

> Quem encontrar uma mulher de valor, vale muito
> mais que pedras preciosas. Nela confia o seu marido
> e a ele não faltam riquezas.
> Traz-lhe a felicidade todos os dias de sua vida![166]

---

[165] Provérbios 18:22.
[166] Provérbios 31:10-12.

O Eclesiastes, por seu lado, não deixa de ser bem incisivo, pois encerra o almejo de todos nós casados:

**Goza a vida com a mulher que amas,
durante todos os dias de tua vida.**[167]

O profeta Isaías, por seu turno, vai nos lembrar:

**Assim como a esposa é a alegria de seu
marido assim tu será a alegria de teu Deus.**[168]

O sábio Ben Sirac celebra a alegria de todos nós, os maridos que encontramos uma boa esposa:

**Feliz o marido que tem uma mulher:
o número de seus dias será dobrado.
Uma boa esposa faz o marido feliz e
duplica o número de seus dias.
A mulher de valor faz a alegria de seu marido.**[169]

E, mais adiante, Sirac vai dizer:

**O encanto da uma mulher deleita o marido, e assegura-lhe
o bem-estar.
É um dom do Senhor uma mulher silenciosa.
Como o Sol se eleva nas alturas do Senhor, assim a beleza
de uma mulher virtuosa é o ornamento da casa.
Assim é a beleza do seu rosto em um corpo bem feito,
colunas de ouro sobre alicerces de prata, assim as pernas
formosas sobre calcanhares firmes.**[170]

---

[167] Eclesiastes 9:9.
[168] Isaías 62:5.
[169] Eclesiastes 26:1-3.
[170] Eclesiastes 26:13-16.

Se alguém estiver perguntando se a sabedoria de Ben Sirac para por aí, engana-se:

> A beleza da mulher alegra o rosto e ultrapassa qualquer desejo.
> Se a bondade e a doçura estão em seus lábios, o seu marido será o mais feliz dos homens.
> Onde não há mulher, o homem vive errante e lamentando-se.[171]

Fiquemos por aqui. Vamos pular, por ora, "o mais belo cântico de Salomão", o encantador "Cântico dos Cânticos", onde a palavra hebraica *dodi* (equivale ao nosso meu benzinho) aparece nada menos que 31 vezes.

Vamos nos deter nos transcritos textos do "Livro dos Livros" para nos indagar: Será que eles não falam do *amor natural*? Não dizem o que une marido e mulher? Não está aí a raiz, por excelência, do *amorem naturalem* de que fala o Concílio de Trento? Do amor conjugal que o sacramento do matrimônio – com as graças que propicia – tem por finalidade fazer com que marido e mulher se amem cada dia mais? E não está aí a explicação, por excelência, do que é – a tão falada e tão pouco compreendida – *espiritualidade conjugal*, o caminho de santificação dos que são casados?

É de bom alvitre salientar que, sem dúvida alguma, todos os textos citados fazem parte da Revelação e estão aí inseridos para manifestar como o casal pode, a cada dia, tornar-se mais revestido da vida do próprio Pai do Céu!

E nota-se que o caminho do casal, a sua espiritualidade, não é básica e essencialmente constituída por atos de piedade, rezações, rosários, penitências, como lamentavelmente muita gente pensa e aprega.

É de toda oportunidade, então, indagar um pouco mais em que consiste na vida prática, naquela que é vivida a cada dia, o preconizado caminho do casal em busca da santidade.

Antes, porém, seja-nos lícito fazer uma indagação: Qual a razão pela qual os documentos oficiais, já citados, falam com tanta insistência em família, como tivemos o cuidado de apontar?

---

[171] Eclesiastes 26:22-25.

Parece-nos porque esta é uma realidade bem conhecida e vivida pelos celibatários. Todos eles nasceram e cresceram no seio de uma família. E mesmo depois de fazerem o voto de castidade, continuaram a ter e frequentar o círculo familiar. É, pois, uma realidade bem conhecida e vivida, admirada, insubstituível, cantada em prosa e verso, escola de amor fraterno, mas não do amor natural conjugal, salvo para os pais, é claro.

O sentido profundo do sacramento

ara nós, leitores de hoje, pode parecer até bem estranho o que disseram os teólogos e escritores antes referidos. Estranho porque, afinal de contas, todos eles não só leram como devem ter meditado o que o próprio Criador revelou no livro do Gênesis a propósito de aparecimento do ser humano no cenário inaugural do mundo. Para nós do século XXI, é até um tanto quanto inconcebível que aqueles autores não tenham se deixado impressionar por uma narrativa tão bela e emocionante como a que aparece no texto javista, citado expressamente por Cristo aos fariseus.[172]

Vale a pena reprisar o texto. O autor sagrado, em palavras assaz sucintas, relembra situações que bem pensadas são por demais clamorosas: o homem sozinho, perdido no Paraíso, sem que pudesse compartilhar, com o que quer que fosse, a satisfação que inundava sua alma ao contemplar feliz toda a maravilha da natureza exuberante que o Senhor havia lhe dado. Mas foi o próprio Criador que entendeu que "não era conveniente" que Adão ficasse assim só, amargando sua solidão. Por isso, resolveu dar-lhe a companhia de alguém que fosse semelhante a ele. De alguém que como ele também se encantasse com as maravilhas que os rodeava. E para que não pairasse dúvida sobre a natureza da companhia – não a retirou da terra, como fez com Adão –

---

[172] Mateus 19:4-6.

mas de um pedaço dele mesmo, a costela, de tal forma que o homem pôde exultar, exclamando no primeiro cântico que se ouviu na terra recém-criada: "Esta sim, é osso de meus ossos, carne de minha carne", por isso se chamará mulher.

O redator javista, porém, não ficou só neste comovente e significativo texto. Apelou para outro sentimento que, mesmo hoje, mas, sobretudo em uma civilização patriarcal, tinha o agudo sentimento de "ruptura de amarras": por esse motivo o homem deixará seus entes muito queridos, o pai e a mãe, para se unir à mulher em uma união ainda mais forte e mais intensa, pois os dois, ao se tornarem "uma só carne", darão origem a um novo ser, o casal humano.

O amor natural e o Criador

inguém pense que as reflexões, ora redigidas, surgiram logo na primeira leitura do Gênesis. Nem que para melhor entendê-las não deixamos de ter ajudas muito importantes. Algumas delas causaram até um pouco de suspeita porque nunca, ao longo de leituras e conferências, tínhamos lido ou ouvido algo assemelhado. É de justiça pois compartilhá-las com o leitor.

Anos atrás, estudando o livro de Rey-Mermet, *A fé explicada aos jovens e adultos*, volume 2, que trata dos sacramentos, deparamos com esta afirmação: "Em parte alguma vemos Cristo instituir o matrimônio cristão". Como? Nos perguntamos, pois sempre ouvimos dizer que Cristo é que institui os sacramentos! E, para maior surpresa, o autor francês vai acrescentar: "Interpelado pelos judeus, remete-os ao matrimônio natural, ao plano do Deus Criador".[173]

A nossa surpresa tornou-se ainda maior quando o autor transcreve declaração de Leão XIII:

> O matrimônio foi desde o princípio como que uma imagem da encarnação do Verbo... Foi por isso que Inocêncio III e Honório III, nossos predecessores, puderam afirmar, sem

---

[173] Théodule Rey-Mermet, *A fé explicada aos jovens e adultos*, Paulinas (São Paulo), 1979, p. 225.

temeridade e com razão, que o sacramento do matrimônio existe entre os *fiéis* e *infiéis*.[174]

O nosso espanto aumentou porquanto, desde criança, sempre ouvimos dizer que a Igreja Católica tem o monopólio da verdade e da santidade de vida, como, então, logo um papa vai afirmar que um sacramento – por definição católico – existe entre os infiéis? Agrego aqui um testemunho pessoal, não sei se pelo fato de nós dois termos estudado em colégio dos jesuítas, o fato é que Carlos Vallés, SJ – autor de inúmeros livros magníficos, escritos à luz do pensamento e da cultura de hoje – e eu (o pobre Luiz Marcello) ouvimos muitas vezes nos bancos escolares em tom dogmático que "fora da Igreja não há salvação...".[175]

Talvez um autor francês, prevendo o nosso espanto – e também de muita gente – tratou de nos acalmar trazendo a devida explicação.

Em nota, Rey-Mermet lembra que "por causa deste Grande Mistério em que homem e mulher são chamados a se 'amarem como Cristo amou a Igreja',[176] São Paulo não vê nenhuma razão para alterar as formas familiais e culturais do matrimônio judeu ou pagão de seu tempo".[177]

Devemos confessar que a leitura do citado livro evitou que, tempos mais tarde, não nos espantássemos quando lemos João Paulo II, baseado em Leão XIII, afirmar: "O matrimônio como um sacramento primordial e, de certa maneira, protótipo" de tal forma que "diante de tal dimensão é forçoso concluir que todos os sacramentos da Nova Aliança, de alguma maneira, encontram no sacramento do matrimônio o seu protótipo".[178]

Em livro que escreveu em 1960, depois das preleções que pronunciou na Universidade de Lublin em 1958/1959, João Paulo II, vai dizer:

---

[174] "Arcanum Divinae Sapientiae" 11.

[175] Carlos Vallés, *Autobiografia de un jesuita*, Sal Terrae (Bilbao), 1985.

[176] Efésios 5:22-23.

[177] Théodule Rey-Mermet, *A fé explicada aos jovens e adultos*, Paulinas (São Paulo), 1979.

[178] João Paulo II, *Uomo e donna lo creò: Catechesi sull'amore umano*, Libreria Editrice Vaticana/Città Nuova (Roma), 1985, p. 380.

Eis-nos assim preparados para compreender a "sacramentalidade" do matrimônio. Ele é segundo o ensinamento da Igreja um sacramento de origem, isto é, desde o momento da criação do primeiro casal humano.

Deixe-nos confessar uma coisa, em um depoimento fraterno, sem qualquer tom de crítica: como nos documentos episcopais, antes mencionados, não se encontra eco dos ensinamentos pontifícios aqui arrolados? E veja-se que uma delas é bem antiga, do tempo de Leão XIII. Por que Puebla, por exemplo, dedica 47 tópicos à vida consagrada e nenhum ao sacramento primordial?

Logo à vida consagrada, logo à vida de frades e freiras, quando Pio XII em 1958, falando a jovens casais lembrou:

> Qualquer que seja o lugar ocupado pelos religiosos na vida e no apostolado católico, a *profissão religiosa* em si mesma *não é* um sacramento.[179]

O bispo monsenhor Guy Thomazeau, presidente da Comissão Episcopal da Família, órgão de Conferência de Bispos da França, durante a peregrinação das Equipes de Nossa Senhora a Lourdes em 1977, declarou:

> A dignidade do casamento é tão grande que a Igreja fez dele um sacramento da fé, isto é, da presença atuante de Cristo Ressuscitado, o que não é o caso da profissão religiosa, por mais bela que seja a consagração de uma vida inteira.[180]

Se o leitor nos der licença – e, sobretudo, os bispos que estiveram em Puebla – atrevemo-nos a lembrar a constatação feita pelo Concílio Vaticano II:

---

[179] *L'Anneau d'Or*, Édition du Feu Nouveau (Troussures), n. 84, novembro-dezembro de 1958, p. 415.
[180] *Alliance*, novembro-dezembro, n. 114, 1977, p. 69.

> A exposição inadequada da doutrina... mais esconde que manifesta o genuíno rosto de Deus e da religião.[181]

Para evitar que a tal "exposição inadequada" venha ocorrer em nosso tempo, vamos agregar aqui aos textos antes invocados outros promulgados apenas 21 anos atrás, no Catecismo da Igreja Católica.

> 1641 – a graça própria do sacramento do matrimônio se destina a aperfeiçoar o *amor dos cônjuges* e assim *santificar-se* na vida conjugal.

O caro leitor, ao ler o texto do Catecismo, dá-se conta desde logo que lá está o que Trento ensinou nos idos do século XVI.

Continuemos, entretanto, a ler o Catecismo para constatar que a preocupação de seus autores é deixar ainda mais claro o ensino tridentino:

> 1643 – numa palavra trata-se das *características normais* do amor conjugal natural, mas com o significado novo de torná-las expressão dos valores propriamente cristãos.

Se alguém, por ventura, pensar que texto acima não é inspirado em Trento, basta ler o que segue:

> 1661 – a graça do sacramento leva à perfeição o amor humano dos esposos, consolida sua unidade indissolúvel e os santifica no caminho da vida eterna.[182]

É por isso que, ao resumir toda a explanação, o Catecismo vai proclamar:

---

[181] "Gaudium et Spes" 19/254.
[182] Cf. Concílio de Trento DS 1799.

1663 – o sacramento do matrimônio significa a união de Cristo com a Igreja. E concede aos esposos a graça de amarem-se com o mesmo amor com que Cristo ama a sua Igreja.

E para não pairar dúvida alguma do que estamos dizendo desde o começo, o resumo inserido no item 1661 vai simplesmente repetir as palavras do tridentino:

> A graça do sacramento leva à perfeição o *amor natural* dos esposos, consolida a sua unidade, e os santifica no caminho da vida eterna.[183]

Se o leitor amigo teve paciência de nos seguir até aqui, sem se cansar com tantas citações, achamos que não pairou dúvida alguma que o sacramento do casamento não tem por finalidade nos tornar mais piedosos, mais rezadores, mais entusiasmados com devoções aos santos e, até mesmo, frequentadores mais assíduos aos ofícios e rezas no interior de uma igreja. Nem leva alguém (como um amigo nosso) a fazer toda a sorte de economias para poder participar de uma peregrinação a Medjugorje...

Isso, contudo, não significa que o casal ou um de seus membros deve deixar de rezar, ler a Bíblia, comungar com frequência, fazer a meditação diária só porque acredita piamente na finalidade do sacramento do matrimônio, isto é, na graça de fazer crescer o amor natural que une cada dia mais o marido à sua esposa e ela a ele.

Achamos, por experiência própria, que o crescimento do amor que nos une ao longo de quase 65 anos, teve como fruto procurarmos uma vida cristã mais intensa. Ninguém esqueça que Deus é Amor e, por isso, quanto mais cresce o nosso amor por força das graças propiciadas pelo sacramento do matrimônio, mais vivemos a vida do próprio Deus! E mais queremos conhecê-lo, amá-lo e servi-lo.

E se tivemos o trabalho – que não foi pouco – de coligir todos os textos aqui citados, é porque não podíamos ser avarentos e guardar

---

[183] Cf. Concílio de Trento DS 1799; "Gaudim et Spes" 50§1.

tanta riqueza e beleza só para nós dois. É por tal motivo e com muita alegria que tomamos a iniciativa de partilhar com vocês o que o Espírito em seu amor nos propiciou em nossa vivência nas Equipes de Nossa Senhora.

Mesmo porque a nossa querida CNBB deixou esta séria advertência:

> Há um desconhecimento *generalizado* entre os cristãos da doutrina de fé sobre o matrimônio como sacramento.[184]

Dada tal constatação, é mister recordar a palavra de ordem de João Paulo II:

> É urgente a necessidade do cristão viver e anunciar a mensagem contida na relação entre o homem e a mulher.[185]

Os bispos da América, por seu turno, não titubearam em dizer:

> É necessário *capacitar mais* os bispos, presbíteros, religiosos e *leigos* para o necessário acompanhamento dos casais e famílias.[186]

João Paulo II no discurso que fez em comemoração aos cinquenta anos das Equipes de Nossa Senhora deixou esta séria advertência:

> Devemos responder ao apelo da Igreja para uma Nova Evangelização baseada no *amor humano*.[187]

---

[184] CNBB, *Documento 18 da CNBB*, Paulus (São Paulo), 1980, p. 217.
[185] João Paulo II, "Christifideles Laici" 57.
[186] *Sedoc – Serviço de Documentação*, Instituto Teológico Franciscano (Petrópolis), v. 36, n. 303, 2004, p. 521.
[187] *Guia das Equipes de Nossa Senhora*, ENS (São Paulo), p. 47.

Uma revelação

amos pedir licença ao leitor para suspender a explanação – recheada talvez de muitas citações – e colocar aqui algo pessoal, algo que se passou na nossa própria vida, algo que no jargão das ENS chama-se de "coparticipação".

Graças ao empenho e às muitas orações de nossos pais, tivemos os dois uma boa formação cristã. Quando jovens, até antes de nos casarmos, sempre procuramos aprofundar a nossa vivência cristã. E o Pai do Céu não nos deixou de cumular de bênçãos. Mesmo depois de casados, íamos praticamente à missa todos os dias. Até que um dia, Maria e José Aquino – muito amigos dos pais de Marcello – pois foram eles os padrinhos de casamento deles dois – nos convidaram para conhecer as Equipes de Nossa Senhora. Eles, seguramente, nem desconfiaram que estavam sendo intérpretes do Pai!

Desde a primeira reunião, tivemos a certeza que aquele era um chamado de Deus. Procuramos, por isso, nos dedicarmos de corpo e alma ao caminho que o Espírito nos propunha.

Em 1957, conhecemos o padre Caffarel quando de sua primeira visita ao Brasil. E o nosso entusiasmo pelas ENS aumentou. E não é que ele gostou de nós dois, tanto que – contrariando seus costumes – aceitou jantar em nossa casa. Contrariando outro hábito seu, o da mais estrita pontualidade, saiu de casa a uma e meia da madrugada.

Em nossa pertença nas equipes chegamos a participar de cinco sessões de formação por ele dirigidas, uma delas – inesquecível – de oito dias em Roma, hospedados na Domus Mariae, onde os bispos brasileiros ficaram durante o concílio. Éramos, na sessão, vinte casais de várias partes do mundo reunidos após a peregrinação à Lourdes em 1965. Nosso conhecimento e entusiasmo pelas equipes foram assim crescendo. Passamos, por isso, a ocupar vários cargos no movimento, inclusive como responsáveis pela América Espanhola, onde chegamos a dirigir doze sessões de formação.

Toda esta "biografia" é para dizer que procuramos sempre nos aprofundar no conhecimento da doutrina proposta pelas equipes. Todavia, por ocasião de sua última visita ao Brasil, em setembro de 1972, ouvimos na reunião de balanço das várias atividades então realizadas, o próprio padre Henri Caffarel dizer: "Não estou certo de que os *equipistas tenham bem compreendido o que significa espiritualidade conjugal*. Há grande preocupação de vida espiritual, marido e mulher individualmente. Mas a espiritualidade conjugal é mais que duas espiritualidades individuais vividas juntas. Há um *mistério do casal* que é preciso aprofundar".[188] A declaração, para nós dois, foi uma verdadeira bomba. Como? Não havíamos lido todos os livros dele? Nem nos lembramos hoje de quantos editoriais e artigos assinados por ele chegamos a ler. Apesar disso, achamos que devíamos mesmo assim refletir muito sobre o assunto para acabar constatando que em realidade não era exagero dele. Voltamos a reestudar o assunto e sentimos, lá no fundo, que faltava um travamento a tudo que havíamos estudado.

Vejamos como os caminhos do Senhor são insuspeitos. Ocorrem quando menos se espera!

Muito tempo depois daquela profética reunião de balanço, fomos nomeados, em 1982, membros do Pontifício Conselho para a Família que o papa João Paulo II recém criara.

Ali, nos dois primeiros anos, cansamos de ouvir conferências e exposições, sobretudo acerca de métodos de controle da natalidade.

---

[188] Cf. Nancy Cajado Moncau, *ENS no Brasil: Ensaio sobre o seu histórico*, Nova Bandeira (São Paulo), 2000, p. 124.

Claro que todas elas marcadas pelo mais completo conteúdo moralista. Ademais, não se ficou tão só neste assunto de ordem moral mas, talvez por insistência da bancada de língua espanhola (os outros idiomas oficiais eram o inglês e o francês), a 4ª e 5ª assembleias dedicaram-se, sobretudo, ao estudo da espiritualidade própria dos casados. Valeu à pena, contudo, o esforço e o tempo dedicado ao estudo e preparo dos assuntos que seriam objetos das assembleias, sempre enviados cerca de cinco meses antes da reunião. Isso propiciou-nos um grande enriquecimento, sem, entretanto, alterar muito o que já sabíamos. Continuávamos, pois, sem conseguir um verdadeiro travamento entre tudo o que já havíamos estudado.

Como sabemos todos, os caminhos do Senhor surgem quando menos se espera. Foi com o intuito de ouvir mais uma conferência que assentamo-nos no conselho para ouvir um certo monsenhor Dionigi Tettamanzi, bispo de uma das dioceses italianas, falar sobre *La sacramentalità del matrimonio* e *la spiritualità coniugale e familiare*.

É preciso confessar que a conferência foi, para nós dois, uma riquíssima surpresa. Quando o ouvimos dizer:

Lo *specificum* del sacramento del matrimonio determina lo *specificum* della spiritualità coniugale-familiare.

Isso foi, para nós, como que um verdadeiro clarão: em suma a revelação do que procurávamos há tanto tempo, o travamento entre tudo o que havíamos lido, estudado e aprendido sobre a espiritualidade própria do casal, aquela que não é peculiar nem a padres nem a freiras, aquela que só um homem e uma mulher que se amam – que formaram um novo ser – são capazes de conhecer e viver porque estão ligados pelo amor natural.

Vale a pena, então, esclarecer um pouco mais, o mistério encerrado na visão sacramental do amor que une esposo e esposa.

Antes, convém recordar que o "específico" de alguma coisa é o que faz com que ela seja o que realmente é. Assim, por exemplo, o específico do sal é salgar, o do açúcar é adoçar. E o do sacramento do matrimônio é, como sabemos, o amor natural como Trento acentuara, de tal forma que o casamento sem amor não é sacramento, como, por exemplo, um juntar-se ao outro para ficar rico. Ou fins assemelhados.

Qual o sinal sacramental?

 vida cristã só tem sentido quando pautada pelo *dom da fé*, porquanto é ela que nos permite "enxergar o que os olhos não veem", como ensina a carta aos hebreus (Hebreus 11:1).
Todos nós somos capazes de ver este elemento natural que é a água. Posso usá-la para matar a sede ou lavar-me. Entretanto, quando ela é derramada na cabeça de alguém no batismo, enxergo o que os olhos não são capazes de ver: este alguém é purificado do pecado e torna-se, assim, filho de Deus. O pão desde as mais priscas eras é usado para matar a fome. Na eucaristia, contudo, o mesmo pão é visto como o corpo de Cristo. É o olhar, ditado pelo dom gratuito da fé, que me permite enxergar a realidade que os meus olhos humanos não veem.

O mesmo se passa com o sacramento do matrimônio.

O casal que se ama, passeia pelas ruas de braços dados ou desfruta os momentos em que juntos abrem seu coração um ao outro e deliciam-se rememorando os tempos em que começaram a namorar. Sorriem prazerosamente porque um deu ao outro um presente. Preocupam-se juntos com a doença do filho. Ficam encantados com o primeiro sorriso de bebê que nasceu. Abraçam-se festivamente porque acabaram de entrar em sua casa nova. Alegram-se porque os filhos e os amigos cantam o "Parabéns a você" no aniversário do casamento dos dois. Surpreendem-se juntos, entrelaçados, porque um inesperado dinheiro caiu do céu para pagar a tormentosa dívida. Expõem um ao outro, abraçados na cama, as preocupações com o estudo dos filhos. Um ao sentir-se deprimido abre o coração ao outro. E o outro, com muito carinho, diz-lhe algo que redime a depressão. Juntos, após caminhar em interminável conversa, deitam-se na areia para contemplar o mar e pôr em comum as sensações que o fragor das ondas desperta no âmago de cada um deles. E à noite, deitados no leito – o altar conjugal – entregam-se com tal ardor que já não "são dois, mas um só ser" para que cheguem ao êxtase que os leva para o plano do Infinito e, assim, tornam-se a mais viva imagem daquele que é Amor.

Será, então, que alguém de formação cristã não será capaz de acreditar que todas estas palavras de carinho, todos estes gestos amorosos, que todo o encantamento arrebatador do encontro sexual não são a plena realização do sacramento do matrimônio?

Será que este alguém poderá negar a inteira procedência da afirmação tridentina de que os gestos, as palavras, os prazeres ditados pelo aperfeiçoamento do "amor natural" são o caminho para a "santificação" dos que acreditam na força divina do sacramento do matrimônio?

Ou melhor, dizendo, de uma maneira mais direta, será que nós casados, em nosso tempo, temos plena consciência e convicção que os gestos, as palavras, as alegrias, os prazeres da vida conjugal são *atos sacramentais*? Da mesma maneira que ao olhar a coisa mais natural do mundo, a água, o olhar ditado pela fé faz com que eu acredite no sacramento do batismo, que um sinal tão sensível e natural como a água eleve o batizando à condição insuspeitável de filho de Deus? Ou, então, o olhar de fé não me garante que algo tão comum como o pão e o vinho na missa seja transubstanciado no corpo e sangue de Cristo?

Por que, então, por força da fé os sinais sensíveis consubstanciados nos gestos, palavras, alegrias e prazeres da vida conjugal não são atos sacramentais? Atos que, pela força amorosa de Cristo, produzem o efeito de fazer com que os dois, marido e mulher, amem-se cada vez mais natural e humanamente? E, assim, os dois tornam-se mais "imagem e semelhante" com Aquele que é o Amor.

Eis aí a *nova espiritualidade* que os homens e mulheres de nosso tempo são chamados a viver e pregar, pois, como bem alertou João

Paulo II por ocasião do V Centenário da Evangelização da América, ao receber os superiores maiores das ordens carmelitas:

> No mundo inteiro existe uma *enorme necessidade* e um forte desejo de uma *nova espiritualidade*, pois os sinais tradicionais da presença de Deus já não conseguem comunicar a sua mensagem. O desafio é este.[189]

Fica, pois, lançado este desafio para todos, padres e leigos, que aguentaram nos ler até aqui, esperando que em suas orações não esqueçam de pedir pelos escrevinhadores desse texto que, no fundo, não passa de uma coparticipação de vida, no melhor estilo do que as Equipes de Nossa Senhora pedem para que se faça em nossas reuniões.

Sugestões

Tempos atrás, conversando com um casal amigo, ele nos fez uma indagação: "Tudo isso que vocês dizem é muito bonito, mas sempre soubemos que viver a espiritualidade é dedicar-se às "coisas do espírito", tal como rezar muito, recitar jaculatórias, ler livros devocionais, comungar todo dia etc., como, então, eu vou viver esta espiritualidade baseada, como vocês dizem, na vivência do "amor natural" como "sacramento"? Respondemos baseados em um recurso que, quando éramos simples colegiais, os padres gostavam de insistir: fazer antes de dormir a "revisão do dia". A grande norma desta "revisão" está baseada no amor. Como dizia o padre Caffarel: "Amor consiste em procurar fazer o que agrada ao outro e não a si próprio. E para o cristão (casado) é fazer o que agrada a Deus".

Eis aqui algumas sugestões para uma boa troca de ideias:

- Recordar quais palavras de carinho um disse para o outro;
- Quantos beijos e abraços demos um ao outro, conscientes

---

[189] *L'Osservatore Romano*, Vaticano, n. 44, 1 de novembro de 1992, p. 4 (540).

que não estávamos fazendo maquinalmente, mas como demonstração de carinho;
- Percebi a dificuldade que o outro estava tendo e procurei ajudá-lo;
- Que motivos de alegria um deu ao outro;
- Pedi desculpas pelas palavras de mau humor;
- Reclamei de alguma coisa e não fui capaz de pedir escusas;
- Fiz tudo para livrar o outro de uma preocupação ou de um aborrecimento;
- Pedi ajuda para resolver um problema;
- Quantos elogios foram feitos um ao outro: o penteado, a roupa nova, o porte elegante etc.;
- Partilhamos a alegria do filho ter passado no exame;
- Trocamos ideias e resoluções para não ficar só pensando no trabalho e atormentando-se com o que não saiu como se queria;
- Como ajudou o fato de contar um ao outro o que descobriu na leitura do evangelho hoje;
- Como foi bom um ter colocado o outro a par das ideias que surgiram na meditação;
- Como foi difícil, mas rico, o esforço para atender e ajudar o outro a vencer a crise de desânimo;
- Como agradecer o sacrifício que um fez para levar o outro ao cinema?
- Como é bom constatar que a cada dia um gosta mais do outro;
- Eu prefiro calar-me e não pôr em comum algo que me desagradou.
- Você teve consciência que Deus pensou em você hoje?
- Lembramo-nos hoje de tanta gente que sofre com a fome, a violência, a doença;
- Procurei hoje viver em comunhão com nosso Pai? Como? Quando?
- Fiz alguma coisa para ajudar o próximo?

- Nossa oração conjugal foi de proveito mútuo?
- O que mais me desgostou no dia de hoje?

E por aí vai...

Cada um de vocês sabe bem do que estamos falando. É mister, porém, que em tudo isso – gestos, atos ou palavras – não podemos esquecer, com um olhar de fé, que o nosso sacramento estava atuando. E atuava para que o nosso amor crescesse sempre mais! A visão ditada pela fé mostra que o nosso sacramento existe exatamente para isso: para sermos revestidos, através desses gestos e palavras, cada dia mais da vida do nosso Pai, que é Amor.

E se o leitor está plenamente convencido por força do dom da fé que rezar o terço marcando as dezenas com as contas do rosário é um ato piedoso que faz crescer a nossa vida cristã, não pode, pela mesma razão, deixar de crer que a vivência do "amor natural", por força do sacramento que une marido e mulher, leva os dois a viverem mais intensamente da vida do próprio Deus.

Não é preciso dizer, portanto, que os atos, gestos e palavras ditadas pelo amor natural são, na realidade de nosso sacramento, atos sacramentais por quanto o matrimônio visa "aperfeiçoar o amor natural" como o tridentino deixou bem claro. E este amor entre os cônjuges não cresce como que por magia ou como fruto de devoções piedosas: cresce, como já vimos, pelo comportamento amoroso de marido e mulher, tal como ocorre, inclusive, entre os pagãos.

E ninguém fique surpreso se com o crescimento do amor mútuo, os dois passarem a ser mais fervorosos em suas orações, sentirem o desejo do comungar com mais frequência, de frequentarem com mais assiduidade a Santa Missa, de se interessarem mais em ler e entender a Bíblia, de esforçarem-se para ser melhores cristãos.

Se tais frutos surgirem, não se espantem casais que nos leem: não se esqueçam que quanto mais um de vocês amar ao outro e ser por ele amado, vocês dois estarão mais entregues ao Amor e serão, assim, "imagem e semelhança" daquele que é Amor.

É mister, ainda, acrescentar outro importante recurso para que a espiritualidade do casal cresça sempre mais: é a meditação conjugal.

É altamente enriquecedor o casal escolher, ao menos duas ou três vezes por semana, um tempo para um colocar o outro a par do que meditou ou das dúvidas que surgiram, do que fez para superá-las ou, sobretudo, a inspiração que teve para que a comunhão de vida entre eles cresça um pouco mais ou o que descobriu de novo no texto meditado.

Se o testemunho pessoal vale alguma coisa, fiquem certos que para nós dois, ao longo desses anos todos, a meditação conjugal foi da mais extrema valia.

Novidade tridentina?

qui falamos tantas vezes no ensino de Trento, que alguém pode até ficar achando que, na igreja, a valorização do conceito de "amor natural" surgiu apenas com aquele concílio do século XVI. Engano total. O conceito vem de muito mais longe, provavelmente do século IX antes da era cristã, quando o texto javista do Gênesis foi escrito.[190] É ali que está a raiz do amor natural: "O homem deixa seu pai e sua mãe para unir-se à sua mulher, e eles se tornam uma só carne".[191]

Um só ser, o casal: ninguém vai pensar que os dois são atraídos um pelo outro pela possibilidade de rezarem juntos... E sim porque surgiu, entre eles, um forte sentimento comum, um atrativo de tal ordem que os leva ao desejo insopitável de viverem juntos.

É bom recordar ainda que lá pelos anos 190-180 a.C., o sábio Jesus Ben Sirac ao escrever o livro que recebeu, na tradição latina, o nome de *Eclesiástico* deixou este famoso ensinamento:

> Há três coisas que minha alma deseja, que são agradáveis
> ao Senhor e aos homens: a concórdia entre irmãos, a
> amizade entre vizinhos, um marido e uma mulher que
> vivem juntos com amor (25:1).

---

[190] Cf. *Bíblia de Jerusalém: Introdução ao Pentateuco*, 1ª edição, 1981, p. 26.
[191] Gênesis 2:24.

Um pouco mais adiante, o mesmo sábio vai proclamar:

Feliz o homem que tem uma boa mulher,
o número de seus dias será dobrado.
Uma mulher virtuosa alegra o seu marido
e ele passará em paz todos os anos de sua vida.
Uma mulher assim é uma bênção
e será dada aos que temem ao Senhor (26:1-3).

A graça de uma esposa alegra seu marido
e sua ciência é para ele uma força (26:13).

O encanto de uma mulher em uma
casa arrumada é uma lâmpada
reluzindo, assim é a beleza de seu
rosto em um corpo bem acabado.
Colunas de ouro sobre alicerce de
prata, assim são as belas pernas sobre
calcanhares bonitos (26:17-18).

Não fica por aí, entretanto, os elogios que o sábio faz à companheira do marido:

A beleza da mulher agrada o marido;
não há nada que lhe traga maior prazer.
Se ela fala com carinho e simplicidade,
o marido dela é o mais feliz de todos
os homens. Se não tiver uma esposa,
o homem anda à toa, gemendo de tristeza (36:24-25, 27).

Talvez muitos dos que nos leem nunca ouviram falar neste livro da Bíblia. É seguro que em nossos tempos de colegiais, tempos que já vão longe, nunca nos foi dado conhecer textos tão belos e humanos. Eram tidos como muito eróticos... E, por isso, perigosos para o 6º mandamento, a castidade!

Nas palavras atribuídas a Qohelet, filho de Davi, no livro que, segundo a tradução latina, ficou conhecido por Eclesiastes, ele dá um conselho que nenhum dos nossos leitores (salvo os celibatários) nunca vai olvidar:

> Goza a vida com a mulher que amas, durante
> todos os dias de tua fugaz existência que Deus
> te concede (Eclesiastes 9:9).

No livro dos Provérbios, atribuído a Salomão, mas que na realidade é uma antologia da literatura sapiencial de Israel, elaborada do século X ao V a.C., vamos encontrar passagens enaltecedoras do amor conjugal.

É assim que o sábio vai ponderar:

> Aquele que acha uma esposa acha a felicidade,
> pois recebe um dom do próprio Senhor (Provérbios 18:22).

E, mais adiante, enaltece a mulher como esposa:

> Como é difícil encontrar uma boa esposa!
> Ela vale muito mais que as pedras preciosas!
> O seu marido confia nela e, assim, nunca ficará pobre.
> Em todos os dias da sua vida, ela só lhe faz o bem
> e nunca o mal. Está sempre ocupada. De lugares
> distantes traz comida para casa. Ela se levanta de
> madrugada para preparar a comida, e dar ordens às
> empregadas. Quando faz muito frio, ela não se
> preocupa porque a sua família tem agasalho para
> vestir (Provérbios 31:10-15, 21).

Ou como proclama o velho Isaías:

> Como um jovem se casa com uma jovem,
> assim o teu Deus se casa contigo.

Como o noivo se alegra com a noiva
assim teu Deus se alegra contigo (Isaías 62:5).[192]

Para terminar a visão do amor natural que se encontra no Antigo Testamento, vamos invocar um texto famoso. Este é, ao mesmo tempo, assaz curioso porque no "Cântico dos Cânticos" nem sequer o nome de Deus é mencionado. Mas como está na Bíblia, é sem dúvida alguma um texto inspirado, tanto quanto todos os demais livros bíblicos. Basta constatar que este epitalâmio (cântico nupcial) ao cantar o grande amor entre uma mulher e um homem, "onde o desejo e o corpo fazem parte do jogo", serviu de inspiração para São Bernardo, na Idade Média, e São João da Cruz, na Idade Moderna.[193]

Aqui vai, pois, para finalizar esta exposição, os trechos principais da tradução que aparece na Bíblia de Jerusalém.

UM HINO AO AMOR NATURAL

ELA: Beija-me com os beijos de tua boca
Teus amores são melhores do que o vinho
O odor de teu perfume é suave! (1:1-3)

ELE: Levanta, minha amada,
formosa minha, vem a mim,
pomba minha!
Deixa-me ver a tua face,
deixa-me ouvir a tua voz,
pois tua face é formosa
e tão doce a tua voz (2:13-14)
Como és bela, minha amada,
como és bela!

---

[192] Os textos dessas traduções estão na *Bíblia sagrada na linguagem de hoje*, Paulinas (São Paulo), 2013.
[193] Cf. *Nova Bíblia dos capuchinhos*, p. 1051.

São como pombas os teus olhos
escondidos sob o véu!
Teus dentes... teus lábios...
teu pescoço... teus peitos... (4:1-5)

És toda bela minha amada,
e não tens um só defeito!
Roubaste o meu coração,
minha irmã, noiva minha
roubaste o meu coração (4:8-9)

ELA: Eu sou do meu amado,
seu desejo o traz a mim.
Vem meu amado,
vamos ao campo,
pernoitemos sob o cedros,
madruguemos pelas vinhas
lá te darei o meu amor... (7:11-13)

ELE: Grava meu nome
como um sinete em teu coração;
o amor é forte como a morte! (8:1-3)
Cruel como um abismo é a paixão:
suas chamas são de fogo,
uma faísca de Yahweh (8:6)

ELA: As águas da torrente jamais poderão
apagar o amor,
nem os rios afogá-lo.
Quisesse alguém dar tudo o que tem
para comprar o amor...
Seria tratado com desprezo (8:6-7)

ELE: Como és bela e formosa
o teu amor uma delícia! (7:7)

Seja-nos permitido lembrar ao leitor, por último, o que disse a "Familiaris Consortio" como uma palavra de ordem:

A Igreja não realiza o discernimento evangélico só por meio dos pastores, mas também por meio dos leigos (n. 5).

Ad maiorem Dei gloriam
Para maior glória de Deus

A marca FSC® é a garantia de que a madeira utilizada na fabricação do papel deste livro provém de florestas que foram gerenciadas de maneira ambientalmente correta, socialmente justa e economicamente viável.

Este livro foi composto com a famílias tipográfica Garamond e impresso em papel Offset 75g/m² pela **Gráfica Santuário**.